恋と歌舞伎と女の事情

仲野マリ

KOI to KABUKI to
ONNA no JIJOU

Mari Nakano

かもめの本棚

はじめに

映画やテレビがなかった時代、芝居見物は人々が楽しむ最高の娯楽でした。歌舞伎もその一つ。娯楽作品とくれば、恋愛話は欠かせません。サスペンスでもコメディーでも社会派問題作でも、必ず「恋」が出てくるのは、現代の大河ドラマや2時間ドラマなどと同じです。

その恋模様は実にさまざまで、DV男あり、ストーカーあり、セクハラあり、三角関係あり、ドロドロ不倫もいちずな初恋も。遠距離交際からお局キャリアウーマンのイタすぎる恋愛まで、彼女たちの心理は、なんと現代の私たちに似ていることでしょう。江戸の昔の女性たちもきっと、月9のラブコメに心ときめかせるようにして、歌舞伎に夢中になっていたに違いありません。

この本は、女性の「恋」の視点から歌舞伎のストーリーをひもといています。いろいろな愛の形を通し、一人でも多くの方に歌舞伎の世界を身近に感じてほしいという願いを込めて書きました。

歌舞伎というと、「忠義の話」「ベタな勧善懲悪」「英雄の成功物語」などと考えられがちですが、実は、その裏で泣いている「負け組」「被害者」に寄り添うことに重点が置かれています。彼・彼女らの無念さ、言えなかった本当の気持ちをじっくりと聞いてあげる場面こそが白眉。女性が自ら身を引いたり犠牲になったりするときも、心の内を非常に丁寧に描いているからこそ共感を呼び、心に響くのでしょう。

今よりずっと制約の多かった時代、その荒波の中でも本音でぶつかり、必死で恋を成就させようとしていた人々——。彼女たちの人生に触れれば、きっとあなたもたくさんの勇気をもらえると思います。

Contents

目次

カバー装画・本文挿画：いずみ朔庵

第一話　東海道四谷怪談《とうかいどうよつやかいだん》　上

優等生の誇りと誤算
～長女・お岩の結婚

「四谷怪談」と聞いて皆さんが思い浮かべるものは何でしょうか。やっぱり「お岩さん」ですよね。女の幽霊話の中でもお岩さんは、『番町皿屋敷』のお菊、『怪談・牡丹燈籠』のお露《つゆ》、『真景累ケ淵《しんけいかさねがふち》』のかさねなどと並び称される、とびきり怖い女の幽霊。歌舞伎の『東海道四谷怪談』は、「提灯抜け」や「戸板返し」などお化け屋敷的仕掛けも満載で、怪談噺《ばなし》の決定版ともいえましょう。

でも、なぜお岩さんが化けて出るほど「恨めしい」と思ったのか、詳しいことはご存じない方も多いのではないかと思います。毒を盛られて顔が崩れ、夫に捨てられ、死んで幽霊となり、自分を死に追いやった人間に次々と復讐するお岩さんですが、人

間、単に「男に捨てられた」くらいでは何人もの人を取り殺すまでには至りません。お岩さんの恨みは相当なもの。彼女は特別ひどい目にあったのでしょうか。あるいは、彼女が特別、執念深かったのでしょうか。それとも、これは女性なら誰にでも起こり得る話？

死ぬに死にきれず、化けて出るほど恨めしい彼女の思いは、いったいどこからくるのか、そこに作用した彼女の性格とともに、ひもといていこうと思います。

第一子長女の宿命・婿取り

私は、彼女が「女性ばかりのきょうだいの第一子長女」であることに注目しました。実は私もお岩さんと同じで二人姉妹の長女。子ども時代から規則をしっかり守り、「悪いこと」には決して近づかない、第一子長女にありがちといわれる「優等生」タイプでした。好奇心はいろいろあっても常識の枠から飛び出す勇気がなく、いつも「そんなことをしたら、ダメって言われる」とあきらめてばかりいたのです。

そんな私ですが、早くから一つだけ「枠」を気にせず生きられたものがあります。

それは、恋!


「家を継ぐとかそういうことは、考えなくていい。名字なんて途切れていい。日本国憲法には『結婚は両性の合意にのみ基づき成立する』と書いてあるんだ。結婚が家と家との結びつきだった時代は終わったんだよ。だから好きな人と結婚しなさい」

父が、幼い私をつかまえては繰り返しそう言ってくれたおかげで、私は婿《むこ》取りのことなどみじんも考えず、能天気に恋をすることができました。でも、それは20世紀後半、私の娘時代であっても決して「普通」のことではなかったのです。

私と同じく二人姉妹の第一子に生まれた友人は、「恋をする前に、この人は長男かしら、次男かしら? と考えてしまう。それを聞かずに男の人とはお付き合いできない。結婚できない人を好きになるのが怖い」と真顔で言ったものです。それを聞いたときの衝撃は、今も忘れられません。

戦後の日本国憲法のもとですら、婿取りの宿命にからめ捕られた娘さんがいたのですから、江戸時代において、「家」や「婿取り」は本当に大問題だったことでしょう。

お岩は武士・四谷左門の娘です。武家の娘で男のきょうだいがいないお岩は、長女として婿を取り、四谷の家名を守っていかなければなりません。父・左門が婿として選んだのが同藩の藩士・民谷伊右衛門。お岩は伊右衛門と夫婦になり、おなかの中には子ができました。

ところが、父がやってきて、お岩を実家に連れ戻そうとします。目をかけて婿にまでした伊右衛門が藩の金を横領するという罪を犯したと知り、実直な左門は伊右衛門との縁を切ることを決意したのです。

当然の義務だった親孝行

実家に戻ったお岩に待っていたのは、苦しい生活でした。藩がお取りつぶしとなり、父親は浪人の身に。「武士は食わねど高楊枝」を地でいく誇り高き左門も、ついには浅草観音の境内で乞食のまねをするほどに落ちぶれてしまいます。

生活力のない父を養うため、お岩は身ごもっていながらも夜辻に立ち、けなげにも身を売ってまで生計を支えます。

そこまで零落した四谷左門に対し、伊右衛門は離縁を取り消して、お岩を返してくれとかけ合います。しかし左門が離縁を強行する理由が自分の悪事を知ったせいだとわかると、なんと舅《しゅうと》を斬り殺すという暴挙に出たうえに、お岩には「一緒に犯人を捜して敵《かたき》を討とう」とうそぶくのでした。お岩は伊右衛門の言葉を信じ、父の敵を討つことを心に決めて、再び伊右衛門と暮らし始めます。

敵討ちとは、死んだ人の名誉のために生きている人の生活を犠牲にするということ。一見美しくヒロイックな行為に見えますし、お岩もそれを「当然だ」と思っていたはず。でも親が生きている間だけでなく、死んだ後も親のために自分の人生をささげなければならないとは、なんと息苦しいことでしょう。

男の子を産んだのに

また私事で恐縮ですが、私が結婚後初めての出産で男児を産んだとき、父は「あなたは幸せだよ」と言いました。それは「家の跡取りを産んだ幸せ」ではなく、「いつ跡取りを産むのかというプレッシャーから早々に解放される幸せ」だと言うのです。第一子長男の父が「家も名字もなくなったってかまわない」と公言するまでに、どれほどの苦悩があったのでしょう。母からは何も聞かされていませんが、2回お産をして二人とも女児だった母は、親戚からどういう目で見られたのでしょうか。

お岩は男の子を産みました。跡取りです！　男児がいないために苦労しただろう父・左門のことを考えれば、お岩は心底幸福を感じただろうし、誇らしくもあったと思います。でも、夫の伊右衛門は、それほど喜んでいない様子……。褒めてさえくれません。左門と同じく伊右衛門も、藩が取りつぶしになったために浪人の身です。飛ぶ鳥を落とす勢いの大会社サラリーマンに嫁いだはずだったのに、まさか倒産して失業するとは……。しかしこれはお岩のみならず、伊右衛門本人にとっても想定外の出来事。藩がなくなるなどとは考えてもいなかったと思います。

産後の肥立ちが悪く伏せりがちな妻・お岩と、生まれたばかりの子どもを抱え、狭い長屋で傘張りをする毎日。そんな内職程度ではとうてい食べてはゆけません。おのずと借金はかさみ、伊右衛門のイライラは頂点に達しようとしていました。

貧しくても優等生は良妻賢母を目指す

体の具合が悪くても、お岩は懸命に子育てをします。子どもが泣いて夫が「うるさい」と言えば、懸命に子をあやします。借金の肩代わりをしてくれた隣家にあいさつに行く伊右衛門のために、羽織はかまを用意して身なりを整えさせます。貧窮した暮らしであっても、いつ舞い込むやもしれぬ仕官の話がきたときのために、公式な場に出向くときの支度だけは準備しているお岩。痩せても枯れても、武士の妻の誇りは捨てていません。

ところが……。隣家の伊藤喜兵衛は礼に参じた伊右衛門に対し、「孫のお梅がそなたのことを好いておる。添わせてやりたい」と頼んできます。本妻のお岩については「さっき薬と偽って毒を持たせた。飲んでいれば、今ごろは顔が醜く崩れているはずだ」と言うではありませんか！

浪人生活から抜け出す絶好のチャンスと考えた伊右衛門は「仕官（就職）の世話をしてくれるなら」と条件を出して、お梅との結婚を承諾してしまいます。

……とはいっても家には本妻のお岩が伏せっている。お梅と結婚するにはお岩が邪魔。「そんなひどい顔の女とは別れる」という自分の都合ではなく、お岩の落ち度によって離縁したい伊右衛門は、出入りのあんま・宅悦に金をつかませ「お岩をレイプしろ」と命じるのでした。不義密通を理由にお岩を離縁しようというのです！

「色悪」という魅惑の主人公

舅は殺す、重婚はする、レイプをそそのかす……。伊右衛門は本当にひどい男です。ただ、お芝居で見る伊右衛門はものすごくカッコよく見えるのも事実で、逆にいえば、伊右衛門に魅力がなかったらお梅もひと目ぼれしないし、この話自体成立しなくなってしまいます！

伊右衛門という役柄は、歌舞伎では通常「色悪《いろあく》」という、ワルだけど魅力的な男に分類されます。役者さんもそこを意識して演じますから、せりふや物腰の一つひとつが色気たっぷり！　少し不良っぽい男のほうが女性に人気があるのは、今も昔も同じですね。

そして、純粋培養で優等生な人ほど「翳《かげ》のあるちょっとグレた男」に弱いのも事実。常識の中で生きてきたお岩さんにとって、伊右衛門は今までに出会ったことのないタイプの男性だったかも。でもそんな「うわべ」にくれぐれもだまされてはダメ！

そこのあなた、優等生のあなた！　悪い男に引っかかったら無間地獄。お岩さんのように、本当にひどい目にあうかもしれませんよ！

青天のへきれき！　夫が私を捨てる？

前述のように、お岩と伊右衛門との結婚は四谷の家を守るための婿取りです。当時の女性としては珍しくありません。

「お父さんが決めた人だから結婚する」――これは常識的な考え方だったと思います。同じように、「お父さんが言うのだから」実家に戻ったお岩さん。自分の気持ちより、娘として、常に「あるべき姿」を歩もうとする女性でした。

「お父さんだから、（どんな苦労をしてでも）娘として支えていく」。その父親が殺されれば「娘として敵を捜して討ち果たすのが義務」と思い、夫に嫁せば「妻だから、どんなときも夫の世話をする」
——お岩にとって、それは「当たり前」だったはずです。

世間の常識の中で生き、親に孝行し、夫に尽くしてきました。「そんな私だから、必ず夫も私を愛してくれているはず」と思ったことでしょう。お岩は何一つ悪いことをしていないのだから。女性にとって、日々の暮らしの積み重ねほど強いと思えるものはありません。「暮らしの重み」が女性の心を支え、夫婦の連帯感を確固たるものにしていくのです。

病気になっても、けがをしても、顔に傷ができても、きっと夫は私を捨てはしない。たとえ浮気をされたとしても「寄り道しているだけ。あの人はきっと帰ってくる」と思えるのは、カッコいい部分だけじゃない、人に見せられないくらいの面目なさも、ずっと二人で分かち合ってきたから……。

体の調子が思わしくないお岩は「私が死んでもすぐには奥さんをつくらないわよね？」と、尋ねます。それは軽い気持ちから出た言葉だったかもしれない。「当たり前だろ、俺はおまえの夫だよ」——そう言われ、この世を去る前に愛を確認したかっただけかもしれない。お岩は伊右衛門の愛を信じていました。

それなのに、伊右衛門は「おまえが死んだらすぐに後添えをもらう。ていうか、もう決まってるんだよ。早くくたばっちまえ！」みたいなことを言うわけです。お岩の絶望は計り知れません。

「……なんで……？」

伊右衛門は弱るお岩と泣く我が子を尻目に、家からありったけの金目のものをつかんで家を出ます。赤子を蚊から守る蚊帳《かや》まで持っていかれては、と伊右衛門にすがりつくお岩の姿は、女として捨てられても、せめて母親としての存在意義は失うまい、子への義務だけは守らなければ、と鬼気迫るものがあります。

「髪梳きの場」に込められた女のプライド

伊右衛門不在の間に不義を仕掛けてきた宅悦に対し、お岩は激しく抵抗し、最後は小刀をもって身を守りきります。

が、なんと宅悦は伊右衛門の指図で動いたとわかり、そのうえ伊藤家の使いからもらった薬が毒だったと聞いて、怒りは頂点に！　本妻がいると知っていながら、なお伊右衛門とお梅を夫婦にしようとする企みも知れ、伊藤家に乗り込んで恨み言の一つも言わねば気がすまぬ、と身支度を整え始めます。

　髪もおどろのこの姿、せめて女子《おなご》の身だしなみ、
　鉄漿《かね》など付けて髪も梳《す》き上げ、伊藤親子へ言葉の礼を

　容貌が崩れたうえに、口の中をお歯黒で真っ黒にし、髪を梳くとどんどん髪が抜けていよいよ恐ろしい顔になっていく過程を、歌舞伎では一つのプロセスも抜かず、ゆっくりと、ゆっくりと見せていきます。
　ややもすれば「女がお化けになっていく」見世物的な要素だけで語られがちですが、武士の妻としてのプライド、「私こそが伊右衛門の本妻」という気概だけを支えとし、弱る体にむち打って身支度を急ぐお岩の「髪梳きの場」は、女の哀しさが最も色濃く出る場面といえるのではないでしょうか。

そもそも、身だしなみを整えるためには、鏡を見なければなりません。女性の心は、吹き出物が一つできてもデートに行きたくなくなるくらい繊細なもの。だまされて飲んでしまった薬によって崩れた自分の顔を、鏡の中に見たときの衝撃はいかばかりだったことか。

取り落とした鏡を、再び手にすることを拒んでいたお岩が覚悟して鏡を見つめ、「これが私の顔かいのう」と何度もつぶやいて泣き伏す場面は、痛々しいほど哀れです。

そして涙をこらえ、身支度を始めるお岩。鏡の中の自分を見るたび、自らをこんな顔にした伊藤家の人々への恨みがマグマのように体中を巡ったことでしょう。その凄《そう》絶《ぜつ》な形相に恐れをなした宅悦が、お岩の外出を止めようとしたことからもみ合いになり、お岩は小刀が首に刺さって絶命してしまいます。

女を「モノ」としか見ない伊右衛門

伊右衛門が家に戻ると、お岩の死体が転がっていました。そこへ伊藤家から花嫁が輿《こし》入れするとの知らせが！　伊右衛門は死体を片づけ、同じ畳の上でお梅との初夜を

迎えようとします。ところが綿帽子を取った女の顔はお梅ではなくてお岩！　思わず斬りつける伊右衛門でしたが、倒れた花嫁は、やはりお梅だったのです。

それにしても、さっきまで本妻の死体があったところで初夜なんて、無神経すぎません？　それも、ずっと本妻が使っていた寝室ですよ。こんなことをするのは、伊右衛門にとって女性が「ヒト」ではなく「モノ」だからではないでしょうか。お梅のことも決して好きになったわけではなく、仕官という目的についてきた「おまけ」のようなものとして、若いお梅との性生活を単に楽しもうとしているだけに見えます。


さて、これからが新枕、ドリャ、水揚げにかかろうか

このせりふがまさにその証拠！「水揚げ」とは、店に初めて出た女郎との一夜を買うこと。そこに「結婚」という通念はありません。

かつて公金横領を知った左門がお岩を実家に連れ帰ったとき、伊右衛門はお岩を取り戻そうとしました。しかしそれはお岩やおなかの子どもに対する愛情からではなく、お岩の婿になることでついてくる「持参金」のためだったんですね。というのも、離

縁すると、お岩と一緒に持参金も戻さなくてはならない決まりだから。そう考えると、一緒に暮らしているお岩の扱いが「取り戻した」わりに邪険なこともうなずけます。伊右衛門にとってお梅もお岩も、「仕官」「持参金」という金づるでしかありませんでした。

怨念の源は「私に何の落ち度もないのに！」

女性を人として愛せない男に対しては、どんなに愛情をかけても相手から愛が戻ってくることはありません。愛した人から愛されない、と自覚することはどんなにむなしく苦しいことでしょう。だから、「愛されている」と思い込もうとします。殴られても罵倒されても「愛情表現が下手なだけ。本当は、私のこと、好きなはず」などと解釈して……。

お岩もきっと、なんか変だなと思いつつも、最後まで伊右衛門を信じようとしていたのではないでしょうか。でも、限界がやってきます。

娘として、妻として、「あるべき姿」に自分を重ね、頑張っている女性は世の中にいっぱいいます。褒められたい、認められたい、愛されたい。そのために、多少のことは自分が我慢すればよい。……そんなふうに思っていても、何かのきっかけで、すべての「だから」が「なのに」に変わり、これまで我慢に我慢を重ね心の底に押しやっていた不満が、マグマのように込み上げてきて、一気に爆発してしまう瞬間ってありませんか？

お岩もそうでした。

「お父さんが決めた人だから」従っていたけれど、胸の内では「お父さんの言うとおり結婚して離縁して……それなのに、なぜうまくいかないの？」

「あなたが私に戻れと言ってくれたから」うれしかった日々は遠く、「戻れと言ったくせに、今になってなぜ邪険にするの？」

「男の子を産んだから」喜んでくれると思ったのに、「なぜ喜んでくれないの？」

心の中ではすでに、「こんなはずではなかった」という気持ちが渦巻いていたことでしょう。そこをなんとか踏みとどまっていたのです。

でも、公式な妻の座から追いやられるとは思ってもいなかった。お岩は婿取り娘なのです。嫁に行ったのではない。

「私という妻がいるのに、どうしてほかの女を妻にしようなんて思うの？」

「私は何も悪いことはしていない。それなのに、なぜ！」

お岩の幸せは自分が生きる「枠」との調和で生まれます。「妻の座」という「枠」の外に、自分が放り出されるなんて！　自分が大切にしていた「世間」からはじき出される……。お岩にとってはそれだけで、社会的な死を意味したのだと思います。

最初に取り殺したのはお梅

お岩は幽霊になってから、たくさんの人を取り殺します。注目してほしいのは、お岩が幽霊となって最初に取り殺したのはお梅で、それも伊右衛門に斬らせている点です。ものすごい復讐です。毒を盛った喜兵衛より、自分を捨てた伊右衛門より、自分の代わりに妻となるお梅がいちばん許せない！　というお岩の強烈な嫉妬心を感じずにはいられません。そして、夫・伊右衛門は、最後の最後に絶命させるのです。

現代でも、浮気をした夫より、夫の浮気相手を恨む女性のほうが圧倒的に多いですよね。これは理屈では絶対にわからない女の生理なのではないでしょうか。

伊右衛門も喜兵衛も、「妻」の心理というものを見誤っていました。よい妻、文句を言わない妻、ものわかりのよい妻ほど、キレるのです。

お岩は多くを望まない女だったかもしれないけれど、夫の伊右衛門が好きだった。モノ扱いされても、踏まれても、蹴られても、伊右衛門を奪われたくなかった。愛していたのです。

だから化けて出た。伊右衛門へのいちずな愛が深いからこそ、愛として注がれていたエネルギーは一気に負のエネルギー、怨念となって爆発したのでしょう。

「私の愛を、どうしてくれるの？」

本当なら、お岩だって最後まで「よい妻」でいたかったはず。

もし伊右衛門が「すまん、俺の出世のために身を引いてくれ！」とストレートに頼んでいたら、きっと彼女は「わかったわ」とすべてをのみ込んで、別れたのではないでしょうか。優等生は、頼られるとイヤとは言えないんです。

遠い空の下、風のうわさに伊右衛門の出世を聞いて、寂しくほほ笑むお岩……。そんな結末だって、あっていいかもしれません。

お岩のモデルとなった実在の人は、夫の重婚を知ったとき髪を振り乱して街道を駆け抜け、そのまま行方知れずになったといいます。行方知れずだなんて、化けて出るよりそちらのほうが、ずっと哀れでなりません。

歌舞伎では、彼女は幽霊となって自分を陥れた人々に復讐しました。舞台の空中に浮かび伊右衛門を見おろす姿はまるで「真面目に生きる女をバカにするな！」と叫んでいるかのようです。お岩は、妻として母として娘として、なすべきことを懸命になしながらも報われることの少ない、けなげに生きる妻たちの象徴なのです。

第一話　東海道四谷怪談　下

そばにいて愛してくれる人がいい

～次女・お袖の結婚

『東海道四谷怪談』にはもう一人、お袖という重要な女性が登場します。お袖はお岩の妹です。ただ、全五幕中、お袖の出番が多い第四幕（通称「三角屋敷」）は、お岩が全く登場しないということもあってカットされることが多く、あまり知られていません。しかし一度でもこの幕を観れば、もはや「三角屋敷」抜きの四谷怪談など考えられなくなるほど、ダイナミックな筋立ては忘れ難く、魅力的です。

お袖には佐藤与茂七《よもしち》という夫がいます。与茂七も、左門や伊右衛門と同藩の藩士でした。ですから、今はやはり浪人の身です。ただ、与茂七には取りつぶしになった藩のお殿様の汚名をそそぐという、ひそかなミッションがありました。そのミッション

を遂げるため、彼は長く家を空けています。夫が留守がちなお袖にほれ抜いているのが直助。何かにつけて言い寄りますが、お袖は意に介さず。

しかし与茂七が殺されたことから事態は急展開し、夫婦となって与茂七の敵を討つことになります。

敵と知らずに妻となる

……あれ？　どこかで似たような話、聞いたような……。そう、お岩と伊右衛門と同じパターンです。それも、伊右衛門が四谷左門を殺した真犯人であるように、与茂七を殺したのは直助！　お袖はそうとも知らず、夫婦となります。

でも夫婦になるのは形だけ。夜の営みはなし、という仮の夫婦です。

そんな中、お岩が死んだという知らせがもたらされます。お袖は夫だけでなく、姉のお岩、父の左門と三人の敵を討たねばならぬ身となりました。ここに至り、お袖は直助と真の夫婦になる決意をします。

ところが直助と契ったその日、なんと死んだはずの与茂七が姿を現すという仰天の展開！　直助が手にかけた男は、与茂七の同胞でした。二人は着物を取り換えて姿をくらまし、それぞれ密偵として旅に出ようとしていたところだったのです。

二人の夫のはざまで

「真の夫婦になった途端に死んだはずの夫が戻ってくるなんて、ご都合主義だ」と思う方もいらっしゃることでしょう。確かに「契った途端に」というのは誇張かもしれません。でも、お袖と同じような経験をしている人は、たくさんいるのです。

たとえば第二次世界大戦で日本が負けたとき、多くの兵士がシベリアに抑留されました。南方戦線で戦後何年も生死の境をさまよっていた人もいます。終戦後すぐには戻れず、家族と連絡もとれず、中には戦死公報が出て死んだことになっていた人も。彼らがようやく帰国したとき、会いたかった妻はすでに再婚して子どももできて……。そんな事例はよく耳にしました。妻は妻で、自分は夫を待っていたくても、周囲の事情がそれを許さない場合も多かったようです。帰ってきた夫も不幸、妻もまた、地獄の苦しみを味わったことでしょう。

お袖と与茂七の悲劇は、「お国（藩）のため」に忠義を尽くす人々が、いかに幸せな生活を犠牲にさせられているかを写し取った、リアルなシチュエーションから生まれているのです。

日本だけではありません。フランスの軍港を舞台にした映画『シェルブールの雨傘』は、恋人が身ごもったのを知らずに出征し、戻ってくると、すでに恋人が結婚しているというストーリー。イタリア映画『ひまわり』は逆のパターンで、夫の無事を信じている妻が主人公。ついに生きていることを突き止めたとき、夫はほかの女性を妻とし、子どもまでなしているのでした。

『シェルブールの雨傘』では、帰還兵の男が身を引き、やがて彼も別の女性と結婚をします。『ひまわり』では、夫の新生活を壊すまいとした妻が、一人故郷へと帰っていきます。

では、お袖は？　二人の夫を前に、どういう決断をしたのでしょうか？

彼女は与茂七には「直助を殺す手引きをする」、直助には「与茂七を殺す手引きをする」と告げ、寝ている相手を刺し殺すように段取りをつけます。そして、自分が身代わりとなって、二人の刃《やいば》を受けて絶命するのでした。いまわの際にお袖が出した守り袋を見た直助は仰天！　なんとお袖は左門の実子ではなく、直助と血のつながった妹だったのです！

直助は妹と契ったことを恥じ、また与茂七と間違えて殺害した男が自分の直接の主人である奥田庄三郎とわかり、その場で腹を切って果てます。

お袖はなぜ死を選んだのか

元の夫と今の夫とのはざまで悩み、どちらを裏切ることもなく自分が身代わりとなって死んだお袖の自己犠牲的精神は、お岩の、自分の愛とプライドのために伊右衛門以下多数を死に追いやった状況と比べると、いっそう美しく奥ゆかしく見えます。

でも本当に、そうなのでしょうか？

お袖が身代わりになって死んだのは「夫がいながらほかの男と契ったことを恥じて」となっています。でも直助と契ったのが、前述したように夫・父・姉と三人もの敵討ちを背負い込んだため、という話の展開に従えば、死んでわびるほど悪いこととは思えません。第一、夫は死んだことになっていたのですから、戻ってくること自体が本来想定外。

お袖が死を選んだのには、ほかに何か、もっと決定的な理由があるのでは？

私はお袖の出自に遠因があると考えています。お袖が左門に拾われて育った捨て子であるという設定は、直助と契る「三角屋敷」の場でのみ必要な要素であり、それゆえほかの場で言及されることはあまりありません（「三角屋敷」でも、最後の最後に守り袋によって判明するだけの演出が多い）。

でも、お袖が守り袋を肌身離さず持っていたということは、捨て子だということは秘密ではなく、本人も周知の事実であり、そうであるなら、お袖はお岩の妹として育ったとはいえ、本質的には肩身が狭い思いから逃れられなかったのに違いありません。もらった恩は、必ず返さなくてはならない。その気持ちは、奉公人のそれと変わらなかったろうと推測します。

ところが養父・左門に続いてお岩も死んだという。そうなると、恩を返すべき人はいなくなり、四谷の家のことは、もう考えなくてもよいのです。雲をつかむような敵討ち話に振り回されたり、死んで帰ってこない夫の影に縛られるより、今、ここで、自分を愛してくれている目の前の男と幸せになりたい！　普通の暮らしをしたい、できれば子どもも欲しい……。その気持ちが膨らんでも不思議ではありません。

お袖は夫・与茂七に操を立てながらも、直助と日々の生活をともにするうち、いつもそばにいて自分を愛してくれる男・直助に、少しずつ心を預けていったのでしょう。だからお岩が死んだと聞いたとき、すぐさまお袖は「これで私は自分の道を歩ける」と感じ、直助との「結婚」を申し出たのではないでしょうか。敵討ちのためでも誰のためでもなく、自分が幸せになるために。そこに、与茂七が帰ってきた。そして直助こそが、与茂七を殺そうとした犯人だった！

「罰が当たった」

真相がわかったとき、お袖はそう思ったに違いありません。

養父や姉への恩義、夫・与茂七への貞操を一瞬でも忘れた自分を、お天道さまは許さなかった……。お袖が死を選んだのは、そういう自分を自ら罰したのだと私は感じます。

長女で出自も正しく、優等生のお岩には、「私は間違ったことはしていない」とい

う絶対的な自信がありました。そういう生き方をしていたし、武家の娘としてのプライドもあります。だからお岩には「枠の外にも幸せがあるかもしれない」という考え方はできなかった。一心不乱に伊右衛門だけを見つめる硬直した愛は、一気に怨念へと裏返ってしまったのです。

対照的に、次女のお袖の心には「しなり」があります。建前や常識に縛られず、あくまで本音で現世の幸せを求めたお袖。現実的でしたたかな部分も含め、その柔軟性を育てたのは、生きる場所を求めて周りに合わせて自分を変え、人の顔色を見て生きてきたからかもしれません。

「今の男を選ぶ」という現実的な決断をしたお袖なのに、二人の男に両方から責められるとどちらにもつけず、「死ぬ」を選んでしまったお袖。なんとも哀れです。

もう一つ、お袖がからめ捕られた人生のトラップがありました。それは「契った男・直助は実の兄だった」。

江戸時代、血のつながった兄妹で契り合うことは、現代の私たちには想像もつかないほど恐ろしい罪でした。ただ、お袖は直助が実の兄であることを知らずに死にます。

先にその事実に気づいた直助が、犯した罪の恐ろしさにお袖がさいなまれるのがかわいそうで、とどめを刺してしまうから。でも、それはお袖の考えではなく、直助の考えでしかありません。

お袖にとって、四谷の家は仮の家。どんなに愛されてきたとしても、実の親きょうだいを知らないお袖は、いつかは実の親きょうだいに会いたいと願っていました。だから、それがこんな形であったとしても、血のつながりのある人に出会えたことは、お袖にとって素晴らしいことだったのではないでしょうか？　その兄が、自分が身も心も預けられるような、心から愛せる人物だったことは、はたして罪なのか？　逆にうれしいことと考えるのは、いけないことでしょうか？

お袖の短い生涯の中で、直助との一夜の契りがせめて至福の時であったと信じたい。そのひとときだけは、家も血も敵討ちも恩返しもすべて頭から抜け落ちて、お袖の前には希望にあふれた無限の未来だけが広がっていた……。そう願わずにはいられません。

第二話　怪談《かいだん》・牡丹燈籠《ぼたんどうろう》　上

死んでもあなたを離さない
～お露の幸せ

――夏の夜、江戸は根津・清水谷の町に、どこからか「カラン、コロン」という下駄の音が聞こえてくる。燈籠の明かりが闇夜に揺れ、少しずつ大きくなっていく。萩原新三郎がふと気づくと、老女お米《よね》が戸口に立ち、いんぎんにお露《つゆ》の到来を彼に告げるのだった。

2月、梅の花見に亀戸天神へ行った帰りに出会って以来、ずっと会えずにいたお露！再会できたうれしさに、二人は毎夜むつみ合う。愛が強すぎるのか、精気を吸い取られ日に日に痩せ細り、青ざめていく新三郎。

近所の長屋に住む伴蔵《ともぞう》が二人の濡れ場をのぞき見ると、なんと、新三郎が抱いてい

るお露は骸骨だった！

……というところまでが、『怪談・牡丹燈籠』のよく知られた部分です。

このお話は、三遊亭圓朝《えんちょう》の落語がもとになっています。江戸の狭い小屋の中、暗がりにともるろうそくの明かり一つ。そこで語られるおどろおどろしい物語に、人々は固唾《かたず》をのんで聞き入ったことでしょう。

落語を聞いた人々の脳内で膨らんだイメージをもっとわかりやすく、スペクタクルにしたのが歌舞伎です。第一話で紹介した『東海道四谷怪談』でも、お岩さんの顔のできものとか、早変わりやスプラッター、提灯抜けその他もろもろ、お化け屋敷効果をたくさん狙っているのは間違いありません。

ただこのお露、殺されたりだまされたりして化けて出たのではありません。通常の「恨んでたたる」幽霊とは違います。新三郎という男に恋い焦がれるあまり、死んだ後でも幽霊となって新三郎のところに通ってくる、思い込んだらどこまでも、といういちずな娘の幽霊です。

私は歌舞伎を観るまで、恥ずかしながら冒頭に挙げた「抱いている女は骸骨だった！」を、この話のクライマックスだと勝手に思い込んでいました。ところがこれは発端でしかありません。物語はここからが本番、重要人物はこの後、続々登場します。そして、単に幽霊が出てきて「ヒュードロドロ」、だけではありません。実は幽霊より、もっと恐ろしい人間の業《ごう》に迫っているのです。

とはいえ、まずはお露の話から始めましょう。

お露はなぜ幽霊になったのか

お露が幽霊になって新三郎の家にやってくる半年前、新三郎は医師の山本とともに、亀戸天神へ梅見に出かけました。旧暦の1月末、天神様の梅の花はきれいに咲いていたことでしょう。その帰り、山本に「ここにはきれいなお嬢さんがいるんだよ」と言われ、出入りをしている柳島の寮に立ち寄り、トイレを借ります。

柳島というのは亀戸天神のすぐ近く、現在の江東区立柳島小学校のあたりです。

「寮」とは別荘のこと。お露の本家は牛込（新宿区）にあります。お露が16歳のとき、病身の母親が死ぬと、父の飯島平左衛門は母親づきの女中であったお国を後添いにします。そして娘のお露は侍女のお米とともに柳島の寮に移ったのでした。

母親を失って間もない16歳の少女にとって、慣れ親しんだ家を離れ、それもお屋敷町の牛込から隅田川を越えてさらに東という、遠くのひなびた地に住まうとは、どんなに心細かったことでしょう。身分の高い旗本武士の娘ですから、容易に外出もできないでしょうし、老いた女中と二人きりで過ごす時間に、これといった楽しみがあろうはずもなく、時はむなしく過ぎていったに違いありません。

そこにひょっこり現れた若い男性。お露はひと目で恋に落ちます。お露にとって新三郎は「恋のお相手」であると同時に、寮の外の世界を教えてくれる大切な人でもあったはず。

「また来ていただけなければ、私は死んでしまいます！」とお露。でも新三郎は、山本を介してでなければ寮には行かれません。互いに悶々とするうち、お露は恋わずらいが高じて体を壊し、本当に死んでしまうのでした。

乙女の恋は一直線！

ところで皆さんは「燈籠」って何かご存じですか？　これはお盆のときに先祖の霊をお迎えする際、亡くなった先祖の霊が家に帰ってくるときの目印になるもので、精霊棚《しょうりょうだな》や仏壇のそばに置いたり、地方によっては墓の前に置いたりします。

お露が初めて新三郎の家を訪ねてきたのは7月13日。新盆の十三夜に、お露は牡丹燈籠に導かれるようにして新三郎のところに来たことになります。

山本から「お露は死んだ」と聞かされ、悲しみに暮れていた新三郎ですが、目の前にお露がいて、侍女のお米からは「それはあなたとお嬢さまを会わせないための山本の口実。今は柳島を引き払い、三崎のほうに住まいを移しました」と聞かされると、そうか、死んだというのはうそだったんだ、と安心するのでした。

毎夜お露とむつみ合ううち、日に日に痩せ細る新三郎。骸骨を抱いている新三郎を見てしまった下男の伴蔵が周囲の人々に相談して確かめたところ、お露が住まいを移

したという「三崎のほう」にあったのは、お露の墓でした。そしてその墓に、牡丹燈籠が掛かっていたのです。

死んでなお、いや死んでようやく寮の外に出られたお露は、お墓から真っすぐ新三郎の家へと向かったのですね。もしかしたら、自分が死んでいることにすら気づいていなかったかもしれません。ただただいとしい男に会いたくて、その一念で、カランコロンと下駄の音を響かせて……。

そこには、あたら16歳の若さで命を散らさねばならなかった無念さ、もっと生きていたい、自分の思う人生を歩みたい、という思いの強さが感じられます。

第二話　怪談・牡丹燈籠　中

幽霊に魂を売った夫婦
～お峰の幸せ

お露がすでに死んでいて、毎夜やってくるのは幽霊だとわかったことで、新三郎の家は大変な騒ぎです。耳なし芳一の話のように家中お札を貼り、新三郎自身は仏像を胸に抱かされ、準備万端整えて夜を待ちます。すると霊験あらたか！　お露は家の外までは来たものの、全く新三郎に近づけなくなってしまいます。

この状況を打開するために、お露の侍女お米が目をつけたのが伴蔵でした。「お札をはがしてくれれば、百両のお礼をする」と持ちかけたのです。

伴蔵は、新三郎の家回りの世話をしながら、女房のお峰《みね》とつましいながらも仲よく暮らしを立てていました。新三郎の厚意で裏の長屋に住まわせてもらっているものの、いつかは今の貧乏から抜け出たい気持ち、でもきっとそれはかなわないだろうとあきらめも感じつつ日々を送る、そんな貧乏な夫婦にとって、幽霊が提示した「百両」は、あまりにも魅惑的な金額でした。

「恩あるお方を裏切っては申し訳ない」と思っても背に腹は代えられず、ついに幽霊に魂を売ってしまう二人。お峰は着替えを手伝うといって、新三郎が肌身離さず抱いている厨子《ずし》の中の仏像をただの木の棒とすり替え、伴蔵は外に回って家に貼られているお札をはがします。こうしてお露は家に入り、ついに取り殺された新三郎は、彼女に導かれて冥土へと旅立っていくのでした。

その夜、伴蔵とお峰の家には、約束どおり百両の小判が雨あられと降ってきました。二人はそれをかき集め、逃げるように江戸を離れます。

金持ちになった途端、夫婦の間に隙間風

郷里・野州栗橋（現在の埼玉県久喜市付近）に腰を落ち着けた伴蔵は、幽霊から得た百両を元手に荒物屋を始めました。やがて羽振りがよくなると、伴蔵は料理屋に入

り浸って女遊びにふけり、お国という酌婦に入れ揚げるようになります。

女房のお峰はといえば、確かにお金の苦労はなくなりました。

でも、今まで働きづめだった彼女にとっては手持ち無沙汰で退屈な毎日。栗橋は、伴蔵には懐かしい生まれ故郷であっても、お峰にしてみればずいぶん田舎の、知らない土地でしかありません。知り合いもいないところに、唯一気の置けない夫が浮気ざんまいで留守がちでは、「昔のほうが幸せだったかもしれない」と思うのも無理からぬことでしょう。


そんなとき、江戸から知人のお六が訪ねてきます。夫を亡くして先の暮らしが立たないお六を、お峰はいい話し相手ができたとばかりに店で雇うと即決してしまいます。

ところが、それを知った伴蔵は眉をひそめる。一枚岩だった夫婦の間に、ピッと亀裂が入る瞬間です。昔のことは一切捨てて再出発したつもりの伴蔵にとって、お六は時限爆弾のようなものでした。

「昔を知られたくない」

その思いが伴蔵に、恐ろしい計画を立てさせることになります。

本当に怖いのはお化けより人間？

伴蔵は、お峰と連れ立って久しぶりに出かけます。「浮気の罪滅ぼしに」と着物を買ってやるなど最近にない奥さんサービスに、お峰は幸せいっぱいでした。

「やっぱりこの人についてきてよかった。私たち、いい夫婦よね」

ときどきよぎるあの「百両」への後ろめたさも、伴蔵の優しさの前では吹き飛んでしまいます。しかし夫の、お峰を包み込むような笑顔の裏には恐ろしい企みがありました。その瞳には、人気のないところにきたら妻を刺し殺してしまおうという、残酷な殺意が潜んでいたのです。

お峰は伴蔵ひと筋の妻でした。愛する夫に裏切られ、殺されると知ったときのお峰の絶望を思うと、胸が詰まります。食うや食わずの貧しいときも、百両で幽霊と取引したときも、栗橋で荒物屋を開くと言われたときも、女遊びをされたときも、いつも伴蔵だけを見てついてきたお峰は、文句を言うことはあっても、別れようなどと思ったことは一度もありません。まして裏切るようなことをするはずもない。

しかし、その邪気のなさこそ伴蔵には怖かった。裏切るつもりもなく、悪気もない女だが、「あのこと」を昔話のついでにうっかりお六にでも話してしまうのではないか……。

伴蔵は妻を追いつめ、めった斬りにします。お峰がいくら逃れようとしても、袖を引っつかみ、髪をねじ取り、あとはとどめを刺すだけ。そのときの、鬼の形相たるや……。彼もかつてはお峰に楽な暮らしをさせてやりたい一心で、百両を手にしたはず。まさかこんな日がくるとは思いもしなかったことでしょう。この殺人は計画的ですが、それでも魔が差したとしか思えない。

そう、伴蔵はどこにでもいる普通の人間なのです。聖人君子タイプではないけれど、人間くさくて憎めない、愛すべきキャラクターだった。その中に潜んでいた「悪」がいつの間にか善人の部分をすべて食らい尽くし、ブラックホールのように口を開けて、どこまでも底なしに膨らんでいくのです。

――本当に怖いのは幽霊なんかじゃない、人間なんだ！

久しぶりの息抜きに芝居見物に来た江戸のおかみさんたちは、きっとお峰の苦労に自分を重ね、そして伴蔵の横顔の後ろには、ふっと自分の亭主の面影がよぎったのかもしれません。

物語の初め、愛だけを求めたお露の幽霊に「美女の骸骨に抱かれるなんて、ゾッとしないねえ」と眉をひそめて笑っていた人も、糟糠《そうこう》の妻を殺してまで自分の安定した生活を守ろうとする伴蔵の姿に、心底背筋を寒くすることでしょう【注1】。

【注1】お峰を殺した後、伴蔵も命を落とす。歌舞伎では、殺したお峰の霊にからめ捕られるようにして川に引きずり込まれ死んでいくのがスタンダード。もとになった落語は歌舞伎より長編で、サイドストーリーも複雑なため、伴蔵の死に方も違ったバージョンがある。

第二話　怪談・牡丹燈籠　下

たとえ田舎の酌婦になろうとも

～お国の幸せ

お露、お峰のほかにもう一人、注目してほしい女性がいます。伴蔵が入れ込んでいた酌婦お国です。以前は大きな武家屋敷に住む愛妾《あいしょう》でした。誰の愛妾だったかというと、飯島平左衛門。そう、お露の父親です！　お露の母親の死後、女中のお国にお手がついて後妻同然となり、お露がお米を伴って柳島の別荘に住むようになったのは前述のとおりです。

お露のいなくなった牛込の屋敷で、お国は大胆にも平左衛門の目を盗んでは隣家の次男・宮野辺源次郎を連れ込み、不義を重ねていくのでした。そしてお露が死んでしまうと、平左衛門殺人計画を思いつきます。まずは平左衛門に取り入って源次郎を養子にさせ、その後平左衛門を殺してしまえば、この家は源次郎と自分の二人のものになる、というのが筋書きでした。

ところが、実行に移す前に平左衛門が不義密通に勘づき、情事の現場に踏み込まれてしまいます。たじろぐ源次郎。

「何うろたえているの！　こうなったらここで殺しちゃって！」

お国は源次郎に、夫を斬るようけしかけます。なんという悪女！　しかし平左衛門は剣の達人なので、やすやすとは殺せません。源次郎はお国の手も借りながら、ようよう倒すことができました。とはいえ、その代償は大きかった。源次郎も足にひと太刀浴びて、深手を負ってしまったのです。

その夜二人は出奔し、逃避行を続けます。ただ源次郎は傷がたたって歩くに歩けない。栗橋まで来たところでお国は河原に小屋をかけ、彼をそこに置いて自分は酌婦となって身銭を稼ぐようになりました。伴蔵は、得意客の一人というわけです。

源次郎はうらぶれた我が身のふがいなさに、「俺も不幸、おまえも不幸。こんなことなら、主人殺しなど考えるんじゃなかった」と、むせび泣きます。

でもお国は違う。彼女は胸を張り、笑顔で決然と言い放ちます。

「私は後悔なんかしていないわ。今がいちばん幸せ！」

どんなに落ちぶれても、私はあんたと一緒になりたかったの！　という女の決意がいっそ潔く、極悪非道な悪女のはずが、そこはかとなく物悲しさまで漂って、自分らしさを貫いた生きざまを見せつけるのでした。

男たちに媚《こ》びを売る酌婦に落ちてまで、足なえの男を養う今のほうが幸せというお国の結婚生活は、いったいどれほど不幸なものだったのでしょうか。

お国は本当に悪女なのか？

本妻づきの女中が後添いとなり、娘を別荘に追いやって我が物顔。そのうえ隣家の男を引き込んで不義密通、あわよくば夫を殺して財産を愛人と奪おうとする……。

まさに悪女の典型ですよね。本妻が死ぬ前から肉体関係があったんじゃないか、本妻の死も、もしかしたらお国が毒でも盛ったんじゃないか、お露は恋わずらいということになっているけれど、実は本妻と同じくお国が殺したんじゃないか、だからお露は化けて出たんじゃないか？　やっぱり女は「恋しい」くらいじゃ死なないんだな……などと、次から次へと妄想は膨らみ、考えれば考えるほど、お国はひどい女になっていきます。でも、逆も考えられるのでは？

お露の母が死んだとき、お露は16歳、お国は24歳、平左衛門は40歳くらいでした。一つ屋敷にいて病身の本妻の看病をしていたお国に言い寄ったのは、平左衛門だったと仮定してみます。もしそうであれば、お国に選択肢はありません。お屋敷に奉公する身で、お国は主人の平左衛門に「ＮＯ」とは言えないはず。拒否はそのままクビを意味し、あるいはその場でお手討ち、殺されてしまうかもしれません。

お露が柳島の寮に移ったのだって、お国が邪険にしたのではなく、お露がお国と一緒にいるのを嫌ったという考え方もあります。16歳の少女に、24歳の「新しい継母」が容認できたかどうか。

「お父さん、お母さんのこと忘れちゃったの？　ついこの前死んだばかりなのに、もう女の人をこしらえるの？　それも、私の知っている女中となんて。この家で一緒に住むのはいや！」

潔癖な16歳は衝動的に家を出たのかもしれない。もしかしたら、すぐに父親が迎えに来てくれる、と思っての家出だったとも考えられます。でも父親は来なかった。お国が追い出したのかそうでないのかは、誰にもわかりません。

もちろん女中の身分から旗本の愛妾となるのを「出世」と割りきることもできます。生活はぐんとよくなるし、ましてや本妻は死亡。一種のパワハラともいえる有無を言わせぬ関係であったとしても、結果は悪くない、と思う人はいるでしょう。

ただし、身分が違うので本当の妻にはなれません。旗本の結婚には公儀への届け出が必要で、同等の身分の養女などになって形を整えない限り公的な結婚は認められない仕組みになっています。

もしあなたがお国の立場だったら、どうしますか？

想像してみてください。大きなお屋敷で長年働き、それなりの信用もできて奥さまのそばで仕えていた。ところが家の主人に言い寄られる。拒否して屋敷から追い出されれば、身を売るくらいしか生きるすべがない。

そんなとき、あなたは恋に落ちた。主人ではなく、隣家の次男坊に。あなたは旗本のおめかけさんを選びますか？　それとも恋する人との生活を望みますか？

私は「今がいちばん幸せ！」と高らかに宣言するお国を見ていると、源次郎との恋こそが本物だと思いたくなるのです。もし本当の悪女なら、足がなえて見る影もなくなった間男など、とっくに捨ててしまっていておかしくありません。

旗本の愛妾から田舎の酌婦に落ちぶれても、客に媚びを売ってせしめた銭を手に、川岸のみすぼらしい小屋で待つ源次郎のもとへと急ぐお国。二人はお国が平左衛門の愛妾となる前から好き合っていたのかもしれない。旗本の息子とはいえ次男坊。もしかしたら一緒になれるかも、という淡い期待もあったかもしれない。

だとすれば納得できるのです。真の恋人は今も昔も源次郎だけ。だからこそ、酌婦だろうが旗本の愛妾だろうが、「男に媚びを売る」点ではお国には同じなのです。

……そう考えると、私はいよいよお国がかわいそうで仕方なくなります。平左衛門を「殺して！」と叫んだのは、金ずくの気持ちや自分の殺人計画の破綻からではなく、心の底から「自分の幸せを奪った男」として憎んでいたから出た言葉だったのかもしれません。

お国と源次郎は、最後に夜の河原に迷い込み、お互いを探しつつ刺し違えて、相果てます。悪女と呼ばれた女が命果てるそのとき、両の手につかんでいたのは金ではなくて、恋する男でした。絡み合い、抱き合って倒れた二人の亡きがらにホタルが光り舞う情景には、最後まで自分らしく思いきり生きたという満ち足りた空気が感じられます。お国は「恋する自由」を自ら選び取り、全うしたといえるのではないでしょうか。

「私って重い？」年上女性の一途すぎる愛

真景累ヶ淵《しんけいかさねがふち》「豊志賀《とよしが》の死《し》」

富本節【注2】の師匠・豊志賀は39歳。美人で身持ちもよく、人気のお師匠さんだ。ところが20ほども歳の違う新吉と出会い、生活は一変。彼を内弟子として家に引き込んだ後は、夫婦気どりのうえに稽古にも身が入らない。常連の弟子たちの足が遠のいていくところに顔にも腫れ物ができ、憂鬱な気持ちで病床に伏せている。

身の上が心細い豊志賀は何かにつけて世を恨み、新吉を過剰に頼る毎日。彼のちょっとしたふるまいにも「捨てられるかもしれない」と疑心暗鬼になりがちだ。

今日も弟子の一人・若い娘のお久が見舞いといって新吉と一緒にやってくると、彼に気があるのではと嫉妬にかられ、理屈に合わない罵詈《ばり》雑言。新吉は献身的に看病しているが、こう文句ばかり言われると気の休まる暇がなく、お久から「継母からの仕打ちがつらい」との相談に乗るうち、ふと魔が差し、彼女とともに出奔する決意をする。

そんな算段をしていた寿司屋の2階に、家で伏せっていたはずの豊志賀が姿を現した。ぞっとするほどの風貌に、二人は怖くなってその場から逃げ出す。豊志賀は、すでにこの世の人ではなかった。

◇

病の床でふと目覚め、新吉を呼ぶ。呼べど叫べど新吉は来ない。

——そうか、さっき「出ていけ」と言って

しまったんだっけ。

でもいつもの口げんかだから、そのうちきっと帰ってきてくれる。いや、もう帰ってこないかもしれない……。

絶望の床の上で孤独な死を迎えた豊志賀が、幽霊となってでも愛する新吉の近くにたどり着こうとする話です。

輝くばかりの若さを持ったイケメンに慕われ舞い上がりながらも、いつかはきっと捨てられる、と確信し、震える思いで日一日を送っていただろうその不安。

いけないと思いつつ男に溺れ、それまで矜持を高くして守ってきた自分の才能をないがしろにし、唯一彼になくて自分にはあった財力までも、失っていく焦り。

顔の腫れ物は、年齢差など吹き飛ばす彼女の美貌を壊した。何もかもをなくしても、きっと彼は私を捨てない、捨てはしない、と信じたい気持ち。絶対に、私からは別れない！と思う女の哀しさ。

死んで初めてその「執着」から解放された豊志賀。心の底にありながら、ずっと言えずにいた「自由になっていいんだよ」という言葉を新吉に届けて、彼女の霊はようやく成仏します。

パワハラにもとれる年増女の図々しさがリアル。看病される申し訳なさの裏返しに、かえって素直になれず介護者に当たってしまう理不尽さも身につまされます。本来は、「顔の腫れ物」のおどろおどろしさを見せるための怪談噺《ばなし》かもしれませんが、やるせないほど女の哀しみと一途な愛が胸を打つ作品です。


【注2】浄瑠璃の流派の一つ。18世紀後半に常磐津節から独立し、半世紀ほど隆盛。その後、衰退した。

第三話　曽根崎心中《そねざきしんじゅう》

死ぬことは生きること
～お初

この世の名残《なごり》、夜も名残。
死にに行く身をたとふれば　あだしが原の道の霜。
一足づつに消えてゆく、夢の夢こそあはれなれ。

――死を覚悟した若い恋人の白い影二つ、真っ暗な森の中に吸い込まれていく。
「一足づつに消えてゆく」のは、道に降った霜か、二人がはかなく夢見た人生か……。
『曽根崎心中』は、遊女お初と平野屋の徳兵衛が、大坂【注3】・曽根崎にある天神の

森で心中するまでを描いた作品です。冒頭に挙げたのは、ラストシーン「天神の森の段」の出だし。「祇園精舎の鐘の声……」といえば『平家物語』が思い出されるように、これも非常に有名になったフレーズです。

死ぬと決めてはいても、漆黒にうごめく草木の揺らぎや突然聞こえる鐘の音、カラスの鳴き声に身を震わせ、親にもう一度会いたかったと逡巡《しゅんじゅん》する気持ち。

「心中なんかしたら、世の中の人たちのうわさの種になるだろう」という悔しさ、「別に何を言われてもいい、笑いたければ笑えばいいさ。俺たちの心の中なんて、誰にもわかるはずがない！」という叫び。

すべてがこの幻想的な「道行《みちゆき》」の名調子の中に凝縮されています。

なぜ死なねばならなかったのか

お初は北新地にある天満屋お抱えの遊女。徳兵衛は醤油を商う平野屋の手代。主人・九右衛門は徳兵衛の叔父にあたります。徳兵衛の実家は大和（奈良県）です。実母は他界、その後再婚した実父もすでに亡く、今は義母（父の後妻）のみが住んでいました。九右衛門はよく働く甥の徳兵衛と、妻方の姪を結婚させてゆくゆくは店を任せたいのですが、お初と恋仲の徳兵衛は気乗りしません。お初の存在に勘づいた九右衛門は、徳兵衛の義母に結婚支度金の銀二貫を渡し、早く身を固めさせようとします。

それを知った徳兵衛は結婚話を白紙に戻すべく、苦労して義母から支度金を取り戻しますが、その大事な銀二貫を、友人の九平次に「後生だから頼む」と頭を下げられ貸してしまいます。

「1日で返す」と言っていた九平次は、期限を大幅に過ぎても返さないばかりか、「借りていない」とうそぶき、証文を出すと「その印判は紛失したものだ。さてはおまえが盗んで偽造したな」と言いがかりをつけてきます。

徳兵衛の主張を証明するものは何もなく、訴訟になれば自分に不利。銀二貫を取り戻せず縁談を断れなくなるだけでなく、印判偽造という、商人としては致命的な罪を着せられた徳兵衛は孤立無援の窮地に立たされます。

絶望した徳兵衛はお初のいる天満屋に駆け込み、縁の下にかくまってもらいます。そこに客として来た九平次は、大勢の遊女や客の前で徳兵衛の悪口を言いたい放題。「徳兵衛は罪人だ」「おまえたちも金をとられないように用心しろよ」などと言うのを聞きながら、お初はひとり言のようにして「こうなった以上、徳さまも死なねばならないでしょうね。その覚悟が知りたい……」と縁の下の徳兵衛の首に自分の足首を匕首《あいくち》のようにあてがうのでした。徳兵衛もその足を取って自分の喉笛に触らせ、自害の覚悟を伝えます。

お気づきかもしれませんが、致命的なトラブルを抱えているのは徳兵衛なのに、心中を促しているのはお初のほうです。「こじれた縁談問題」「返すと約束した支度金問題」「印判偽造の冤罪《えんざい》」と、徳兵衛は解決できない三重苦に打ちひしがれてはいても、自分から「死ぬ」とは言っていない。「困った」「どうしよう」「悔しい」と愚痴をこぼすだけです。

これに対し、お初には、絶対死なねばならぬほどの逼迫《ひっぱく》した理由がありません。それなのに「徳さまはもう死ぬしかない」「徳さま一人を死なせはしない」「だから一緒に死ぬ」「死ぬ覚悟、あるわよね？」と畳みかけてくるのです。

つまり、死にたかったのはお初のほうで、徳兵衛はその勢いにほだされ、追い込まれた、と解釈するほうが正しいのではないか。私はそう思っています。

いつまで生きても同じこと

お初は太夫《たゆう》や花魁《おいらん》など、格式の高い遊女ではありません。格好も、いわばすぐに脱いでベッドインできるような、しどけない姿。お初は、若くして身売りをされた女郎の悲哀の真っただ中を生きていました。だから彼女はいつでもメランコリー。物語冒頭の「観音廻《めぐ》りの段」には、好きでもないお客さんに同伴をせがまれ、大坂の寺や神社をめぐるお初の姿があります。彼女は眺めのよい場所に出たときに、広い海や空を見てこんな言葉をつぶやきます。

「カモメさん、強い潮風に逆らって飛ぶあんたも大変よね。そんなあんたなら、いつか私が死んで煙になって空をのぼっていくとき、その煙にむせび泣いてくれるかしら？」

客への愛想笑いにも疲れ、ふとため息とともに口をついて出る「死」。意のままになることなど一つもない。お初にとって生きることは、ただ日々が過ぎゆくだけの繰り返しでした。そんな彼女の唯一の楽しみ、生きがいが、愛する徳兵衛との逢瀬《おうせ》です。

そこに降ってわいた結婚問題！　ここで徳兵衛がお初を捨てたら、彼女は本当に打ちのめされたに違いありません。幸いなことに、徳兵衛はお初のことを、本気で愛していました。

生玉《いくたま》神社の境内で偶然お初と会えた徳兵衛は、「実家の義母から支度金を取り返してきたから、もういやな結婚はしなくてもよくなった」と告げます。喜ぶお初。

「でも平野屋にはもういられなくなるかもしれない。悪くすれば大坂にもいられない。そうなったらおまえと会えなくなる。おまえと離れたら、いったいどうすればいいだろう」

するとお初はこう言うのです。

「大丈夫、なんとかなるわよ。私がかくまってあげる。それに、もし会えなくなったら死ねばいい。添い遂げるのはこの世ばかりじゃないわ。二人結ばれるのなら、あの世でだって私はかまわない。死んだら、誰も邪魔はできないでしょう」

まだお話の序盤ですよ。義母から取り戻したお金を九平次が返してくれないとか、印判偽造の言いがかりをつけられるとか、そういう問題が起こるのはこれから先の展開です。

つまりこうした徳兵衛の災難は心中のきっかけにはなっただろうけれど、本質ではありません。お初はずっと死にたかったのです。心が常に「死」に向かっていた。「死」だけが自分を自由にしてくれる、そんな気持ちをいつもくすぶらせていたのではないでしょうか。

自分の足首に縁の下の徳兵衛の喉笛を感じ、彼に自害の覚悟があると知ると、今度はお初がトントンと足を突きながら、またひとり言のようにして自分の覚悟を宣言します。

いつまで生きても同じこと。死んで恥をすゝがいでは。
徳様に離れて片時も生きてゐようか。
どうで徳様、一所に死ぬる、私も一所にしぬるぞやいの。

縁の下の徳兵衛は涙を流し、お初の足を押しいただき、膝に抱きつき焦がれ泣く。お初も感極まったのが顔色に出るほど。言葉は交わさなくても気持ちが通じ合い、涙を流し合う二人。縁の下と上とのエクスタシーは、『曽根崎心中』の名場面です。

二人は美しく死んだのか？

冒頭に挙げたように、「天神の森の段」は美しく幻想的です。さまざまな事柄に阻まれて死を選ぶ男女の心中は、哀しくも美しい純愛の成就の形としてドラマや映画で繰り返し取り上げられてきましたが、男女の情死が美化された始まりは、この『曽根崎心中』（元禄16年／1703年）だといわれています。作者は近松門左衛門。近松はその後『冥途の飛脚』（正徳元年／1711年）や『心中天網島』（享保5年／1720年）も著し、これらは「三大心中もの」として現代に伝えられています。

でも近松は単純に死を美化しているわけではなく、同時に「死の恐ろしさ」もきっちり描いています。

眼《まなこ》もくらみ手もふるひ、弱る心を引直し、
取直してもなほふるひ、突くとはすれど、切先は
あなたへはづれ、こなたへそれ、（中略）柄《つか》も折れよ、刃《は》も砕け、と刳《ゑぐ》り、

剼《く》り〱目もくるめき、苦しむ息も暁の知死期《ちしご》について絶《た》えはてたり。


愛する人に刃《やいば》を立てるということがどういうことか。

刀を持つ手は震え、そんなことじゃだめだと思い直しても、それでも手の震えは止まらない。ちゃんと突いているつもりなのに、切先はあちらへ、こちらへ、とそれてしまう。そして最後は、刀の柄も折れんばかり、刃が砕けてしまいそうなものすごい力で突きまくり、肉をえぐる。恋する女はぐさぐさ刺され、苦しみ抜いて、暁に死ぬ。それを見届けて、徳兵衛も自刃するのです。

「一緒に死ぬ」は決して生やさしいものではありません。「愛する」とともに「殺す」も描いた近松の筆致は、息をのむほどリアルです。


しかし、観客が『曽根崎心中』に求めたのは、むごたらしい死の描写ではなかったのです。憂《う》き世を忘れるために芝居を観に来ているのに、楽しいどころかヘビーすぎる殺人現場を見せられたら、何のために金を払っているのかわからない！

……そういう気持ちも、わからないではありませんね。

必ずしも「つらいリアル」は求めず、ご都合主義でも勧善懲悪のハッピーエンドを望むのが庶民というもの。『曽根崎心中』は観客の好みを反映し、マイナーチェンジが重ねられていきます。実際に近松の原作どおりに上演されたのは、なんと元禄16年（1703年）の初演時だけだったのです。

現代によみがえったお初

世の中を変えるほどの評判をとった『曽根崎心中』ですが、享保8年（1723年）に心中ものの一切の上演を禁止されて以降、ずっと上演が途絶えていました。それが現代によみがえるのは、近松門左衛門生誕300年にあたる昭和28年（1953年）。上方歌舞伎を守り続けてきた二代目中村鴈治郎の徳兵衛と、その息子・二代目中村扇雀（現・四代目坂田藤十郎）が演じるお初で復活上演を果たしたのです。

歌舞伎『曽根崎心中』は空前の大ヒットとなりました。お初を演じた当時22歳の中村扇雀が「まるで女性のように美しい」というのが評判になり、人気が人気を呼んだといいます。

以降、彼はお初を当たり役とし、三代目中村鴈治郎、四代目坂田藤十郎と名前を変える中、お初を演じること60余年。公演回数は1400回にのぼり、この世でお初を演じた役者はほぼ彼のみというレアケース。歌舞伎の世界にあって、藤十郎はお初とイコールで結ばれるくらいの存在です。

男をリードして突き進む女性像

初演当時を振り返って坂田藤十郎がよく話題にするエピソードがあります。それは『曽根崎心中』復活上演初日のこと。心中場所へ赴く場面で、予定では徳兵衛がお初の手を引いて花道を退場するはずだったのが、はずみで体が入れ替わり、そのままお初が徳兵衛の手を取って退場する形になったというものでした。

歌舞伎では、女方は一歩下がって立役（男）の後をついていくのが通常の形です。だから初日はある意味常識破りでした。興奮して、偶然そうなってしまったそうですが、これがとても観客に受けたのだとか。そのほうがお初らしいというのです。それで2日目からは、演出の宇野信夫氏も納得のうえ、意図的にお初が先に行くようにし

たといいます。

確かにお初は自分で決断する女性です。心中しよう、二人で死のう、と決めたのも彼女ですし、天神の森に分け入ってからも、お初には迷いがありません。躊躇《ちゅうちょ》する徳兵衛に、「いつまでいふても詮もなし。はやはや殺して、殺して！」と催促するほどです。「男についていく」のではなく、徳兵衛の手をこちらから握り締め、脇目も振らず自分の意志で花道を疾走するヒロインの姿は、お芝居全体が醸し出す「お初」という役の性根を象徴的に表しています。若き日の扇雀（当時）が、初日にしてそれをつかみ、体現したといえる出来事かもしれません。

「当時の女方としては異例でしたが、女性が自己主張するようになった戦後の新しい空気感もあって、評判になりました」【注4】

戦前の女性には、家父長制のもと何の権限もありませんでした。「女」は「子ども」と同じく「養われる」立場だったのです。戦後の新憲法のもとで女性は選挙権を得、男女平等の権利を得、自由にものを言う権利を得ます。

自分で自分の身をどうにもできない遊女という身の上のお初が、愛する徳兵衛をリードして女郎屋から飛び出していく姿は、「自分の生き方は自分で決めたい」女性たちにとっては「新しい女性像」を示しているかのようで、いよいよ輝いて見えたのかもしれません。

最後の一瞬まで自分らしく生きる

もし徳兵衛がお初に出会っていなければ、そしてここまで愛し抜くことがなければ、彼は平野屋の主人に収まって、大坂でも名の通った商人になったかもしれません。でも、彼女は決して「ごめんなさい。私のせいであなたを不幸にしてしまったわ」とは言いません。むしろ彼がすべてを捨てたことを「私のために結婚を断ってくれたの？そんなことしてくれて、うれしいわ！」と心から喜ぶのです。

お初は遊女という身の上を恨むことがあっても、自分自身のことはさげすんではいません。徳兵衛を愛したことを悔やまず、徳兵衛が自分を愛してくれたことを誇りに思い、最後の最後まで人の思惑や運命に流されず、自分の気持ちを大事にしようと、もがきます。人から人へモノとして売られ、自分では何一つ自由になるものはない女郎の身にあっても、お初は強い自己肯定観を持っていました。

確かに恋人を誘って死ぬという行動は許されるものではありませんが、金の力にも支配者にも世間にも屈服しない道を選ぶなんて、そうそうできることではないでしょう。

21世紀の今、私たちはお初ほど自分の選択に自信を持って生きているでしょうか。誰かのせいにして人生をあきらめていませんか？ 自分らしく生きる道を、一生懸命探していますか？ 自分より大きな権力の前に、容易に屈していませんか？

最後の一瞬まで自分らしく生きる！ お初のアナーキーとさえ思える意志の強さ、ひたむきさが人々の心を熱くし、「恋の手本」とも「成仏疑いなし」ともいわせるのかもしれません。


【注3】現在は「大阪」だが、江戸時代は「大坂」と書いた。

【注4】『月刊スカパー！』平成24年（2012年）4月号スペシャルインタビュー（著者執筆記事）より。

第三話　曽根崎心中　外伝

ないまぜになった リアルとフィクション

『曽根崎心中』は、実際に起きた出来事をモデルにしています。元禄16年（1703年）4月7日、醤油屋の手代と北新地の遊女が曽根崎の天神の森で情死しました。現代のマスコミなら、こんなセンセーショナルな事件を見逃すはずありませんよね。

「どうして二人は死を選んだのか」「大きな店の手代が遊女に手玉にとられたのはなぜ？」「どちらが死のうと持ちかけたか」「親の嘆き」などなど、独自取材とあて推量をないまぜに、ワイドショーでは連日「再現ドラマ」を放送すること間違いなしです。

江戸時代にテレビはないけれど、今も昔も庶民はゴシップ好き。芝居小屋ではすぐさま二人を主人公にした物語が雨後のたけのこのように林立し、ついに決定版が生まれました。

それが、この『曽根崎心中』です。

いわば「ワイドショーの再現フィルム」が練り上げられ、2時間ドラマになったようなもの。近松門左衛門は日本のシェイクスピアともたたえられる骨太の作家ですから、現代でいうと『点と線』の松本清張や『沈まぬ太陽』の山崎豊子が手がけたドラマに匹敵しますね。それも初演は5月7日です。事件から1カ月しか経っていません。

上演会場の竹本座は道頓堀にあり、曽根崎も新地も観客にとってはなじみの深い場所。東京でいえば、新宿歌舞伎町にあったコマ劇場で、すぐ近くの花園神社で起きた心中事件を扱ったお芝居を観るようなものですから、帰りに「現場」を巡れば人魂《ひとだま》に出会ってしまいそうな勢いで、本当に生々しかったと思います。

社会的影響が大きすぎて幕府が上演を禁止

『曽根崎心中』は人形浄瑠璃として誕生しました。人形浄瑠璃は太夫の「語り」と太棹《ふとざお》三味線の伴奏からなる音楽性の高い語りに合わせ人形芝居を見せる芸能で、『曽根崎心中』のクライマックスにあたる「天神の森の段」では、心中する二人の様子を美しい詞章《ししょう》（歌詞）と節《ふし》（旋律）に乗せて、こと切れる瞬間まで入念に描写していま す。人形とはいえ、まるで事件現場に居合わせているがごとき臨場感に、観客は固唾《かたず》をのんで見入ったことでしょう。

映画でもテレビドラマでも、衝撃的なラストシーンは心に残るものです。昭和40年代、高倉健主演のヤクザ映画を観たお客さんたちは、皆肩で風切って道を歩いて帰ったものだという逸話があります。

江戸時代のお嬢さん方もきっと、芝居小屋を出た後、先ほどまでの三味線の音楽が何度も頭の中をリフレインする中、恋人に肩を抱かれたヒロイン気分でうっとりとそぞろ歩き、周りの喧騒など一切目に入らなかったに違いありません。

このインパクトは単なる芝居のヒットにとどまりませんでした。現実に心中する男女が増え、幕府は享保8年（1723年）、ついに心中ものの芝居の上演を一切禁止します。

また「心の底からのまことの気持ち」という意味である言葉「心中《しんじゅう》」を情死に使う

ことを認めず、「相対死《あいたいじに》」という言葉を使うようお触れを出しました。相対死をした者は葬式を出すことかなわず、生き残った者はさらし者になるという厳しい処分。

幕府がそこまでしなければ男女の情死を食い止めることができなかったなんて、たかがフィクションの中に、どうしてそんなパワーが備わっていたのでしょうか？

「隣のお姉さん」が劇の中に登場した衝撃

人形浄瑠璃は江戸時代、歌舞伎と人気を二分するエンタメジャンルで、現在上演されている歌舞伎の作品には、人形浄瑠璃の台本を歌舞伎用に直して使っているものがたくさんあります。

今でいえば、アニメの実写化、あるいはマンガ原作のドラマと同じ。「人形がやってこれだけ面白いのだから、人間が演じたらもっとヒットするんじゃないか？」という考え方です。あるときはアニメを実写化し、あるときは歴史小説をマンガにするというように、歌舞伎と人形浄瑠璃は互いに影響を及ぼしながらそれぞれ進化していきました。

時期によっては「歌舞伎はあってなきがごとし」といわれるほど、人形浄瑠璃は物語のクオリティーが高く、隆盛を誇ります。ただ、『曽根崎心中』より以前、人形浄瑠璃には「時代もの」（当時の人から見た時代劇）の作品しかなく、町人の生活を描いたホームドラマ、つまり歌舞伎でいう「世話もの」がありませんでした。たとえ最近の事件を扱ったとしても、それらは『平家物語』や『太平記』などをベースに歴史上の人物をヒーローに変換し、設定は鎌倉時代や平安時代に直していたのです。

ところが『曽根崎心中』は、すぐそこの女郎屋にいて1カ月前まで春をひさいでいた遊女と、大坂の町にあふれ返る、商家のしがない奉公人が主人公。歴史上の人と比べたら、どちらが身近か一目瞭然ですよね。これまでどこか他人事だったお芝居が、がぜん「自分たちの物語」として立ちのぼってくるではありませんか！

以後、「世話もの」は人形浄瑠璃でも一つのジャンルを確立し、江戸時代の現代劇として市民権を得ていきました。実際の事件をそのままの時代設定でお芝居にすることは、それほど画期的かつ魅力的だったのです。

私たちの時代にも同じような現象がありますね。単なるアニメのキャラクターだったポケモンが、「ポケモンGO」によって実際の街角に出現したときの熱狂と混乱ぶりはどうでしょう。ポケモンを探して深夜の公園にゾンビのように集まる人々。ポケモン補獲に夢中でけがをしたり事故を起こしたりする人々。トラブル多発で境内でのゲームを禁止する寺社……。

「ポケモンGO」をめぐる騒動には、『曽根崎心中』と共通する原因があります。それは「リアルとフィクションの垣根がなくなった」こと。

物語といえば「むかしむかし」から始まるものと決まっていた世の中に出現した「現代なのに現実じゃない」世界──『曽根崎心中』はまさに世の中を変えるエポックメイキングな出来事だったのです。

第四話　仮名手本忠臣蔵《かなでほんちゅうしんぐら》　上

美しすぎる県知事夫人の涙

～顔世御前

――元禄15年（１７０２年）12月14日深夜、大石内蔵助《おおいしくらのすけ》をリーダーとする赤穂浪士たちが吉良上野介《きらこうずけのすけ》の屋敷に押し入って上野介を討ち果たし、元藩主・浅野内匠頭《あさのたくみのかみ》の墓前にその首級を供えた。内匠頭は前年３月14日、江戸城内・松の廊下で吉良に斬りつけたかどで切腹、赤穂藩は取りつぶしになっていた。

この一連の「赤穂事件」を題材として『仮名手本忠臣蔵』は寛延元年（１７４８年）に成立し、初演以来今日まで約２７０年、人形浄瑠璃や歌舞伎で繰り返し上演されてきました。また講談、落語、映画、テレビドラマなど、さまざまなジャンルでも取り上げられていたので、ほんの少し前までは、日本人で知らない人はいないくらいの超人気お化けコンテンツです。

でも、全十一段ある大長編の全容を知っている人は、それほど多くありません。意外かもしれませんが、本家本元の人形浄瑠璃や歌舞伎であっても、通常は「見取り狂言」といって有名なハイライトシーンのみの上演が常で、「通し狂言」としての公演は本当に数えるほどしかないからです。

「忠義礼賛」だけではない世界

今、私は歌舞伎に関する講演や執筆を職業としていますが、その大きなきっかけになったのが、この『仮名手本忠臣蔵』の通し公演でした【注5】。それまで私は「忠臣蔵」を「藩がなくなっても主君への忠義を貫き、苦難を乗り越え敵討《かたき》ちをする男たちの話」と考えていました。でも実際の『仮名手本忠臣蔵』は、もっと複雑で奥深い作品だったのです。

恋人・夫婦・親子・友人……一人の藩主が大物政治家に斬りかかったことは、関係者の職場で、家庭で、大切な人との絆に多大な影響を及ぼしていきます。切羽詰まった状況で生じるそれぞれの葛藤や躊躇《ちゅうちょ》、複雑な感情は、どの時代にも通じる普遍性を持ち、武士も敵討ちも関係ない現代の私たちも大いに共感できるものでした。

史実としての「赤穂事件」を下敷きにしつつ、ときには架空の人物やシチュエーションを加えて想像力豊かに物語を紡いだ『仮名手本忠臣蔵』。全編を通じ、敵討ちに向かう高揚感よりも、敵討ちに翻弄されるさまざまな人間の苦悩が鮮やかに浮かび上がってきます。

「忠義を美化する前近代的な話」などと、知ったかぶりしていた私は心の底から反省。今まで観てきたさまざまな戯曲の中でも、こんなに人間の心理を掘り下げたものはない、歌舞伎ってすごい！　と、その魅力にあらためて取りつかれ、一人でも多くの人に歌舞伎の奥深さを伝えたいと思ったのでした。

『仮名手本忠臣蔵』には誰を中心に語るかで全く世界が違って見える、万華鏡のような多面性があります。一人ひとりがそれぞれの立場や生き方を持って登場するので、どの人物も魅力的ですが、中でも同じ女性として考えさせられる「顔世御前《かおよごぜん》」「おかる」

「おかや」の三人について、これからお話ししていこうと思います。まずは顔世御前から。でもその前に、押さえておかなければならないことがあります。

すべて「仮名」の登場人物

江戸時代、幕府がかかわる事件を芝居にするのはご法度《はっと》。実名など出したらすぐに上演禁止を命じられます。ですから『仮名手本忠臣蔵』には「大石内蔵助」も「浅野内匠頭」も「吉良上野介」も出てきません。フィクションなので、全員違う名前、つまり「仮の名＝仮名」で登場します。赤穂藩主・浅野内匠頭は塩冶判官《えんやはんがん》、その妻・阿久里《あぐり》が顔世御前、吉良上野介は高師直《こうのもろのう》。室町幕府は江戸幕府の象徴であり、将軍・足利尊氏の弟、足利直義《あしかがただよし》は徳川将軍家を表しています。

これらの人々は、実は『太平記』【注6】に出てくる人物で、『仮名手本忠臣蔵』は、『太平記』の世界を借りて赤穂事件をドラマ化しているのです。

『仮名手本忠臣蔵』最初の場面「大序」は、鶴岡八幡宮での「兜改《かぶとあらた》めの場」から始まります。ここに登場する人物たちの立ち位置を現代風に表すと、足利直義が足利尊

顔世御前をめぐる人物相関図

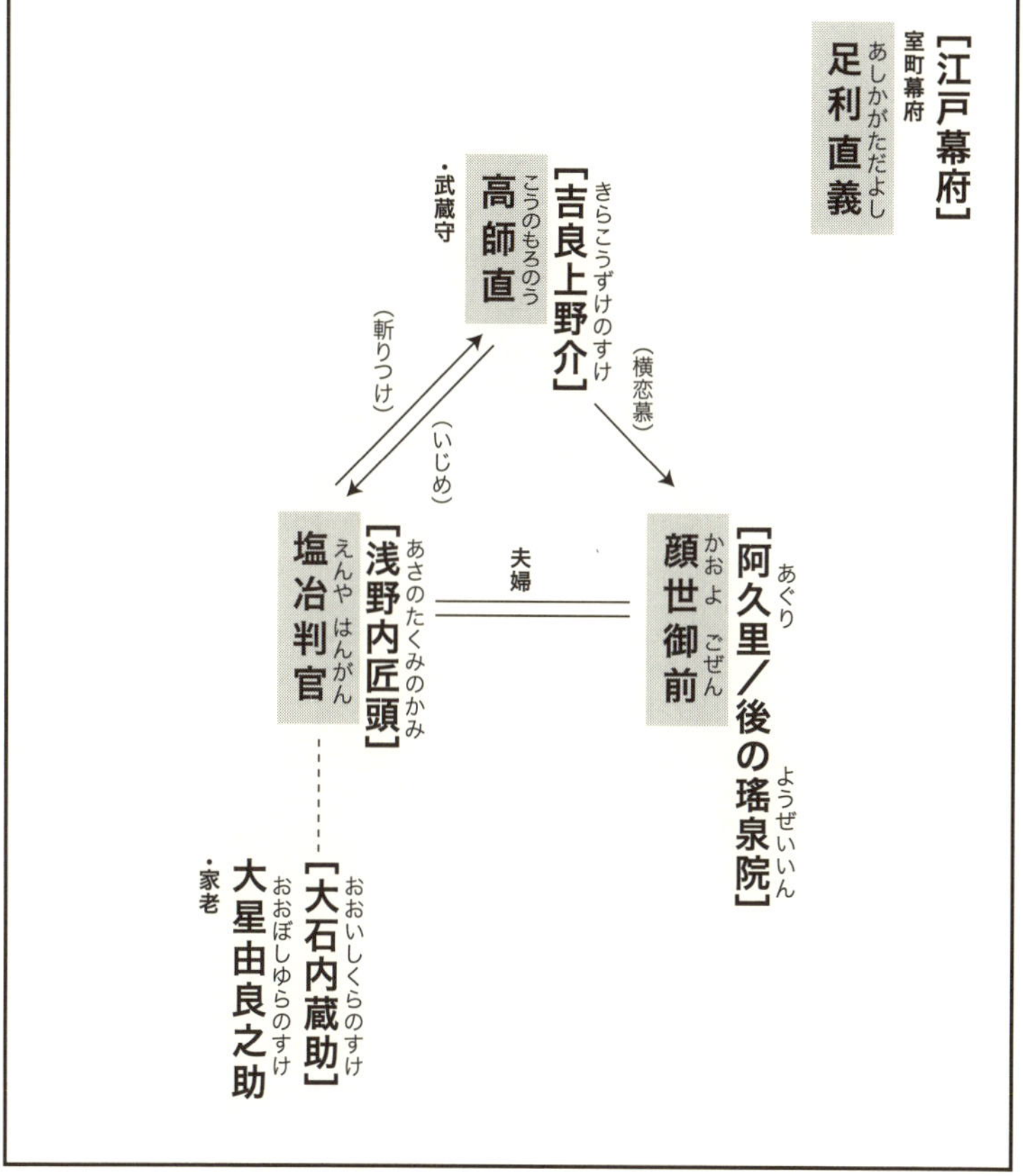

氏の弟で総理大臣代行、高師直は政府与党のナンバーツー、塩冶判官は中国地方の県知事にあたります。顔世御前は県知事夫人です。ただ、この場面に顔世御前が登場するのには別の理由がありました。

県知事夫人にして元国家公務員のスーパーエリート

顔世御前が「兜改め」に呼ばれたのは、塩冶判官の妻だからではありません。足利直義は、兄・尊氏が滅ぼした新田義貞の兜を鶴岡八幡宮に奉納しようとやってきました。義貞は足利氏とともに鎌倉幕府を倒しましたが、その後は足利氏と袂《たもと》を分かって天皇側につき、討ち死にした武将です。直義が兄の代わりに奉納しようとしていた兜は、義貞が天皇から拝領したものなのです。

ただ、戦場に残された兜のうち、どれが義貞のものかわかりません。昔は写真というものがありませんから、人の顔にしても、兜のようなものにしても、「見たことがないとわからない」のです。そこで直義は、どの兜か見極められる人間として、顔世御前を召し出したというわけです。

塩冶が妻、十二内侍《じゅうにないし》のその内にて、兵庫司《ひょうごつかさ》の女官なりと聞き及ぶ

「十二内侍のその内」とは、天皇に仕える後宮十二司《こうきゅうじゅうにし》の中で、唯一女官によって形成される内侍司《ないしのつかさ》十二人のうちの一人の意味。天皇の近くに仕え、天皇の言葉を伝えたり宮中の礼式を司《つかさど》ったりする、いわば天皇の秘書役のような存在で、学問や礼法に優れた有能な女性が任にあたっていました。つまり、塩冶判官の奥さんである顔世御前は、県知事夫人になる前は国家公務員、宮内庁勤めのインテリキャリアだったということですね。

「兵庫司」とは武器庫の担当。顔世御前は天皇家の弓矢や鎧《よろい》・兜の管理にあたっていたことになります。天皇が義貞に兜を賜った現場にも居合わせていた顔世は、見事に兜を見分けます。

目をつけられた顔世御前

上品で美人とうわさの高い顔世御前に日ごろから関心を寄せていた高師直は、役目

を終えて帰ろうとする顔世を呼び止め、彼女の袂の中に手紙を入れようとします。その手紙の上書きに「～様参る。武蔵鐙《むさしあぶみ》」とあるのを見て、顔世は眉をひそめました。

（これ、恋文じゃないかしら？）

キーポイントは「武蔵鐙」。『伊勢物語』には、武蔵にいる男が京にいる女のもとに、「あなたへの気持ちを申し上げるのは恥ずかしい。でも申し上げないままでは苦しい」と書いて、手紙の表書きに「武蔵鐙」と書いた、というくだりがあるのです。高師直は武蔵守（埼玉県のあたりを管轄する）。京の御所にもいた西の女性である顔世御前と自分との関係を『伊勢物語』になぞらえてラブレターを送ったということになりますね。

夫ある身の顔世御前。師直の横恋慕をどうかわせばよいのでしょう？

いやな男から言い寄られたとき、何のしがらみもなくても恨まれないように断るのは至難の業。ましてや会社や親戚、コミュニティーなど、これからも顔を合わせなければならない人だったら、あなたはどうやってその場をしのぎますか？

自分の身も夫の身も傷つかず、師直にも恥をかかさせず、この場を収められることはできるのか？　彼女の頭の中では全細胞が高速回転を始めます。

上司のセクハラをどうかわせばよいのか

顔世は考えました。

（ここでバシッと拒否ってしまいたい）

（……でも、公然と恥をかかせてしまったら、かえって事が大きくなって、夫の名前が出てしまうかもしれない）

（とりあえず、家に持ち帰って夫に見せて相談しようか？）

（……いやいや、夫に見せたら夫の判断で断ることになる。そうしたら、今度は夫が拒否したことになり、私が拒否するより夫の立場が悪くなるのでは？）

（……そうだ、これを受け取らなかったことにしよう。見なかったことにしよう！）

顔世は手紙をぱさりと地面に落とします。すると師直は、突然本音で顔世に向かってきます。

色よい返事聞くまでは、口説いて〳〵、口説き抜く。

この度の大役、塩冶を生きょうと殺そうと顔世が心唯一つ、
何とそうではあるまいか。

師直、夫の仕事の成功を人質に、パワハラ全開で顔世の体に手を回してきた！　顔世はヘビににらまれたカエル同然に硬直し涙ぐむばかり。どうすることもできません。「いやならいやと言えばよい」「死ぬ気で逃げれば逃げられるはず」「だいたい、どうして男と二人っきりになったんだ？」

レイプや痴漢の被害を女性が訴えると、そんなふうに非難する人たちがいます。でも、男の人の強い力で迫られたとき、誰もが大声を上げたり、とっさに腕をすり抜けたりできるわけではありません。ましてや相手が上司であったり、大切なお客さまであったりしたら、できるだけ穏便に、これからの関係を壊さないような解決法がないか、まずはそれを見つけようとするものです。

それでも力づくで襲いかかられたら、命の危険を感じたら、大切な家族に危険が及ぶとしたら……もちろん逃げたい。結果的に逃げきれなかったからといって、「合意」とか「本気で逃げようとしなかった」とか、そんなふうに言わないでいただきたい。

顔世の場合は、通りかかった桃井若狭之助が見とがめて、「エヘン、エヘン」と咳払いし、「早くお帰りなさい」と救いの手を伸ばしてくれたおかげで事なきを得ました。そうでなければ大変なことになっていましたね。

でも、本当に「大変なこと」はこの後に起こったのです。

夜出すメールにご用心

高師直は夫・塩冶判官の直接の上司ではありません。鶴岡八幡宮の造営を祝して鎌倉に下向した足利直義公の接待役の一人に選ばれたのですが、その接待の全体を取り仕切るのが、幕府のナンバーツーともいえる権力者・関東管領の高師直なのです。その師直に無体な横恋慕をしかけられた判官の妻・顔世御前は、なんとか夫を巻き込まずにこのパワハラ&セクハラを切り抜けようと一人悩みます。

そして考えついたのが、「和歌による絶縁」でした。

さなきだに重きが上の小夜衣《さよごろも》、わが夫《つま》ならぬつまな重ねそ。

――それでなくても夜着は重いのに、他人の夜着の褄《へり》まで重ねて着てはならない。

これは『新古今和歌集』に収められた和歌【注7】で、「褄《つま》」と「妻《つま》」をかけ、人妻と関係してはならないという戒めを説いた歌です。『伊勢物語』の「武蔵鐙」をなぞったラブレターを渡してきた師直に対し、こちらは『新古今和歌集』を使って断るというのは、いいアイデアに思えたでしょう。それも夫を通して渡すことにします。手紙を自分から直接送ると、「男に手紙を書いた」こと自体が問題になるかもしれない。それを回避するためです。また「私は人の妻ですよ、あなたに直接手紙なんか出しませんよ」を強調できると考えたのかもしれません。

顔世は腰元おかるに「これを旦那さまに届けてちょうだい【注8】。旦那さまは足利の館で師直殿にお会いになるから、そのとき渡してくださいと伝えて」と申しつけます。

けれど、ふと立ち止まる。

「でも、お仕事が取り込み中のときにそんなことを頼んで、間違いがあってもよくないから、まあ今晩はやめておこうかしら」

「巻き込みたくない」もかえって裏目に

そうです。夜のメールほど怖いものはありません。勢いで書いてそのまま出して、いいことなんて何もない。ひと晩ぐっすり寝て、未送信になっていたメールを朝もう一度読んでみると、「こんなものを送っていたら、向こうは気を悪くしたに違いない！」と、ヒヤヒヤしながら文面をもう一度書き直したり、あいさつ文を加えたりしたこと、私、よくあります（汗）。

だから顔世が思いとどまったのは、本当に賢明。さすが元インテリキャリアです。それなのに、腰元おかるは「和歌一つ渡すなんてそれほどのお手間じゃないと思いますよ、大丈夫」とそのままメッセンジャーになってしまいました（おかるには、その夜出かけたい理由があったのです。これについては、「おかる」の回に詳しくお話ししますね）。

結果として、判官は顔世の手紙を最悪のタイミングで師直に渡すことになります。

「夫に知らせるとかえってこじれ、迷惑がかかるだろう」と事の次第を判官に報告していなかったことも、逆に裏目に出てしまいました。

判官は師直に「ご妻女は貞女じゃ」といやみを言われても何のことだかさっぱりわからず、要領を得ない対応は師直の気持ちを逆なでする形に。いやみはエスカレートして、「奥さんとイチャイチャして仕事に遅刻したのだろう」「田舎者が広いお屋敷に来て迷子になったか」「井の中の鮒《ふな》だ、鮒侍だ」などの罵詈《ばり》雑言。なぜそんなことを言われなければならないのか全く理解できない判官は、一国の城主であるプライドをずたずたにされ、ついに師直に刃《やいば》を向けてしまうのでした。

「由良之助はまだか？」

師直の機嫌を損ねた代償は、あまりにも大きなものでした。殿中での刃傷《にんじょう》という禁を破った夫は切腹、お家は断絶。事情を知らない家来たちは「付け届けが少なかったのではないか」とか「いや、武士たるもの、そんなことをするものではない」など、モノやカネでのご機嫌取りが少なかったのが要因と考えている様子。けれど「元の起こりはこの顔世」。自分だけは知っている。それをひしひしと感じ、身を切られるような顔世でした。

さて、塩冶判官はすでに切腹を覚悟していたものの、死ぬ前にどうしても会いたい人がいました。国元の家老・大星由良之助《おおぼしゆらのすけ》です。

「由良之助はまだか」と何度も聞き、もはやこれまで、と腹に小刀を突き立てたそのとき、由良之助が駆け込んできます。

由良之助か、待ちかねたわやい。

定めて様子、聞いたであろうな。聞いたかく。

それまで、ポーカーフェースで切腹などどこ吹く風、死ぬのも全然いとわぬ顔をしていた判官が、顔をくしゃくしゃにして「無念！」と感情をあらわにします。その恨み、その無念、すべてを由良之助に託して判官は果てていきます。死に絶えた判官の手が刀を握ったまま固まっているのを、由良之助はまるでいとしい子どもの手をさするように、優しく和らげ、指の一本一本を緩めていきます。

こうした様子を客席で観ながら、私はいつも、判官と由良之助の間には、誰にも断ち切ることのできない強い絆があるのだな〜と思うのです。そして、ここに妻である顔世が立ち入る余地はないな〜とも。

夫にとってこの世でいちばん大切な人は女房ではなく、「女房役」の由良之助。自分の遺志を継いでくれる人、自分の気持ちをわかってくれる人、それは家族ではなく、一つの目的に向かって長い時間一緒に働いている仕事仲間なのかと思うと、長いこと主婦をやってきた私は、「妻っていったい何なんだろう？」と考えずにはいられません。

消された顔世の「叫び」

夫は由良之助の到着だけを待ちわび、何も言わずとも「委細（承知）！」と力強く胸をたたいてすべてをのみ込んでくれる由良之助にすべてを託し、安堵《あんど》し笑って死んでいきました。葬式は、男（武士）だけで執り行われます。いわば社葬。喪主は大星由良之助で、妻は許しがあってなんとか列席できる、という扱いです。顔世は脇で気丈に涙をこらえるのみ。
歌舞伎では、顔世はただ「推量してたも」とひとことだけで、多くを語りません。
でも、歌舞伎のもととなった人形浄瑠璃の台本には顔世の叫びが書いてあります。

「さてもく、武士の身の上程悲しいもののあるべきか。今夫《つま》の御最期に言ひたい事は山々なれど、未練なと御上使の蔑《さげし》みが恥づかしさに、今まで堪《こら》へてゐたわいの。いとほしの有様や」と亡骸《なきがら》に抱だき付き、前後も分かず泣き給ふ。

上使（切腹を見届ける役人）の手前、今まで耐えてきたけれど……と言って、彼らが帰るとすぐさま亡きがらに抱きついてなりふりかまわず泣き叫ぶ。その姿を想像してください。彼女は心から判官を愛していた。だからこそ師直の横恋慕に立ち向かったのですね。その気持ちを、判官は理解して逝ったでしょうか。顔世には何の言葉も遺されませんでした。顔世はいったい、何のために操を守ったのでしょう？
「自分のせいで夫を死なせた」と嘆き、自ら髪をおろして尼となり、殉死のごとく俗世を捨てるのに……。

でも、私は思うのです。顔世は決して疎外感を引きずったり、恨み言や繰り言ばかりで一生を終わるはずがない、と。

賢い女性は前を向く

覚えていますか？　顔世御前は宮中の十二内侍の一人。スーパーエリートのインテリキャリアでした。家庭の妻である前に、仕事に生きる女でもあったのです。夫が由良之助を信頼する気持ちも理解できるでしょう。もし彼女がずっと働き続けていたら、由良之助のようにすべてを託されるような人材になっていたかもしれません。そのときは、顔世が「委細！」と胸をたたいてすべてをのみ込み、危機管理の先頭に立った可能性だってある。私はそう思います。

それに、顔世御前が上使の前ではぐっと気持ちをこらえていたように、塩冶判官だって本当は、顔世に言いたくても言えないことがあったかもしれない。顔世は賢い女性です。彼亡き後も自分が愛した男を信じ、その男を愛した自分を信じ、ポジティブに生きたのではないでしょうか。

『仮名手本忠臣蔵』全十一段中、顔世御前は四段目、夫・塩冶判官の切腹とともに姿を消し、以後の動向を語る部分はほとんどありません【注9】。

史実の浅野内匠頭夫人の阿久里は落飾後に瑤泉院《ようぜいいん》を名乗ります。夫の菩提《ぼだい》を弔って暮らし、ひそかに浪士たちの敵討ちのスポンサーになっていたとも伝えられています。

実際は吉良上野介に会ったこともないのに、「事件の裏に女あり」が好きな大衆受けを狙ってか、「セクハラされた弱い女」「赤穂藩滅亡の原因」としてフィクション化されてしまった内匠頭夫人。お気の毒と思っていましたが、歴史上も、彼女の働きなくして討ち入りはなかったということですね。

顔世御前が単に美人というだけでなくスマートウーマンだという設定の裏には、少なからず瑤泉院の凛とした生き方が投影されているのだと思います。

【注5】平成18年（2006年）「平成中村座」公演。厳密には通し狂言ではなく、各登場人物の背景がわかるように通常は上演されない段も組み込んで4通りの段構成を作り、日替わりで上演された。

【注6】『太平記』は、鎌倉幕府の滅亡から建武の新政、足利幕府の成立や南北朝の分裂について書かれた14世紀成立の歴史読本（全40巻）。高師直は武蔵守で足利家の執事、足利尊氏に次ぐ権力者として登場。そこに師直が塩冶判官の妻・顔世御前に横恋慕し、拒否されたことを恨んで塩冶の一族を滅亡に追い込んだという記述がある。なお、この『太平記』の人物関係を用いて赤穂事件を最初に舞台化したのは、近松門左衛門。宝永7年（1710年）に初演された『碁盤太平記』は、現在でも上演されている。

【注7】『新古今和歌集』では「さらぬだに重きが上の小夜衣～」だが、『仮名手本忠臣蔵』では初句が「さなきだに」に変えられている。

【注8】厳密には「供の勘平に届けて判官様に渡すよう」申しつけている。

【注9】七段目に、由良之助のもとに「御台さま」から「敵の様子を知らせる」手紙が届き、由良之助がひそかに読むシーンがある。

第四話　仮名手本忠臣蔵　下

勘平さんしか見えない！
～おかる

平成28年（２０１６年）、国立劇場では開場50周年を記念して、『仮名手本忠臣蔵』全十一段を大序（一段目）から順番に、３カ月かけて催行しました。しかし通常は「見取り」といって、人気の高い場面のみを単独で上演したり、「通し」といっても１日で観られるくらいのダイジェストにするなどの方法がとられます。では、よく見取りとなる「人気の高い場面」はどこでしょうか。

松の廊下で塩冶判官（＝浅野内匠頭）が高師直（＝吉良上野介）に斬りつける場面？　判官が切腹する場面？　それとも浪士による討ち入りの場面？

いえいえ、一番人気は六段目「与市兵衛内《よいちべえうち》勘平切腹の場」と七段目の「祇園一力茶《いちりきぢゃや》屋《や》の場」。武士の世界の敵討ちの話がメーンの大河ドラマなのに、最も盛り上がるのは、田舎の百姓家の場面と祇園のお茶屋さんの場面だなんて、意外ですよね。

その六段目にも七段目にもヒロインとして登場するのが、おかるです。

おかると勘平はバカップルか、最高のベターハーフか

顔世御前づきの腰元だったおかるが、塩冶家を断絶に追い込んだ「松の廊下の刃傷事件」に少なからず責任があることは、前述の「顔世御前」で紹介しています（93ページ参照）。顔世御前が一度は「やめておこうかしら」と思ったのに、「大丈夫」とおかるがあえて手紙を届ける役を買って出た理由は、はなはだ個人的なものでした。

彼女が直接文箱を渡す相手・塩冶判官づき家来の早野勘平は、おかるの恋人だったのです。おかるは勘平と会いたいがために出かけ、無事にお使いを果たすと、普通では考えられない大胆な行動に出ます。

「判官様は足利館の中に入られたから、あなたの役目も一段落よね。せっかくこうして会えたんだし、ちょっとあそこで、ね♡」

星空のもと、おかるはなんと、勘平をエッチに誘います!

「え〜? でも待機とはいえ仕事中だし〜。ここ、けっこう大きな取引先の前だし〜。まずくね?」

――そう言いながらも勘平、松の根っこに腰かけて、「ここがいいか。ほら、俺の膝の上に座れよ」と、その気マンマン。

足利館とは、室町幕府でいう足利将軍の館です。江戸時代として考えれば江戸城にも匹敵するわけで、お堀端の暗がりでニャンニャンしてしまうということですよ。それも女性から誘ってる!

愉悦のひとときから二人が我に返ると、すでに刃傷事件は勃発し、捕らえられた判官が網乗り物に押し込められ護送されるところでした。勘平は主人の大事に居合わせなかったことを悔やんで、発作的にその場で切腹しようとします。

すると、おかるは全力で阻止!

「死んじゃいや! 私といたせいであなたが死ぬなんて! ねえ、このまま私の実家に行っちゃおうよ(ここは江戸、実家は大坂)。パパもママも、いい人だし頼りになるし。ほとぼりが冷めたころ、謝ればいいじゃない」

「……そうだね。今ここで死んでもナンだね。家老の由良之助殿もまだ国元だから、偉い人がそろったらおわびすることにしようか」

……どうなんでしょう、この二人。

今でいえば、営業の合い間にラブホテルに行って、ちょっとのつもりが時間オーバー。社運をかけた重要な会合に遅刻しちゃった、みたいな感じでしょうか。その状況でわびずに遁走ですよ！　このまま武士もやめますから、無断退職です。そのうえ無職で内縁の妻の実家に転がり込む。いやはや、絵に描いたようなバカップルではないですか！

勘平の死を阻止したおかるのサバイバル力

結果だけを見ると本当にあきれてしまいますが、おかるは何も考えずに「職場放棄」をそそのかしたのでしょうか？　彼女の言動にキラリと光るものがあることを見逃さないでください。愛する男が仕事をしくじり、思い詰めて死のうとしている。自分にも責任の一端がある。もし、あなたがおかるだったら、刀を握り締めた男を前にして何と声をかけますか？

おかるは、まずこう言いました。

「もとはといえば、私があなたを誘ったから起きたこと。あなたが死ぬと言うのなら、私こそ先に死ななくちゃならないわ」

おかるにとって勘平は命より大切な存在ですから、「あなたが死んだら私も死ぬ」は駆け引きではなく、本心です。文字どおり「必死」。体当たりの説得は、切腹まっしぐらだった勘平の気勢を制したことでしょう。そのうえで、おかるは理詰めの説得にかかります。

「でも、こんなところで二人が死んでも心中だとか悪いうわさが立つだけ。よくやった、さすが武士だなんて、誰も思わないわ」

死後の名声まで重んじる武士の心にも寄り添った、プライドをくすぐるナイスアドバイスを投げかけます。

「ここは聞き分けて、とりあえず私の実家に行って、おわびの時機を待ちましょうよ。父も母も、頼りになる人だから、心配しないで」

いったんこの場を去るのも「とりあえず」の処置であり、決して「武士を捨てろ」

とは言わない冷静さ。おかるは何も考えていないようでいて、実は命の電話の相談員にもなれそうなコミュニケーション能力を持っていることがわかります。それもこれも、恋の力が生み出す知恵。

「たまには〝妻〟の言うことも、聞いてよ、ね」

夫が武士だろうが百姓だろうが無職だろうが、そんなことはどうでもいい。ただ、生きてほしい。そのためなら何でもする。おかるの真っすぐな愛が、死に魅入られた勘平を引き戻しました。

こうして死から踏みとどまった勘平と、彼を支えるおかるの行く末は？　おかるの実家「与市兵衛内」での六段目が始まります。

超有名カップル「おかると勘平」の秘密

六段目「与市兵衛内勘平切腹の場」は、全十一段の大長編『仮名手本忠臣蔵』にあって中盤で最も盛り上がるところです。武士に戻りたい夫・勘平のため、妻のおかるは親と相談のうえ自分の身を売って金をつくることにしました。その前金五十両を家まで持って帰る途中の父（勘平にとっては舅《しゅうと》）・与市兵衛の死をめぐり、勘平が最後は自害するというのが大まかな筋。

前述のように非常に人気が高く、六段目単独でも上演されており、「おかる・勘平」は『仮名手本忠臣蔵』が初演されてから約２７０年、常に庶民に愛され続けてきた超有名カップルなのです。

でもこの二人、実際は夫婦でも何でもないってご存じでした？

「かる」は大石内蔵助が山科潜伏時代に囲った「めかけ」の名ですし、勘平のモデルとなった義士・萱野《かやの》三平は、元主人への「忠」と養子先の父親に対する「孝」の板挟みとなって、討ち入り前に自害した人物です。三平さんにしてみれば、忠孝の誉れを守るために自害したはずなのに、「コレ（女）で会社を辞めました」みたいに語り継がれてしまい、名誉棄損で訴えたいくらいでしょう。

「名前が違う」と弁明しても、『仮名手本忠臣蔵』は大石内蔵助を大星由良之助にするなど、フィクションと言い逃れをするために実在の人物を仮名で登場させていますから、効果がありません。テレビもインターネットもない時代、これを「事実」と思っていた人は多かったはず。

名前は仮名だけど中身は事実、と思ってこのお芝居を観てきた人たちは結局、何百年もの間、作者のつくった「大うそ話」に最も感動し、涙まで流していたことになります。では、この場面の「うそ」に包まれた感動のタネは何だったのでしょう。

五十両がもたらした悲劇

勘平はしがない猟師をしながらも、いつかは武士に戻りたいと考えていました。山中で偶然出会った元同僚の千崎弥五郎から、敵討ちの計画が本当に進行中であることを打ち明けられ、なんとか加わりたいものだと意を強くします。でも、おかるの家は百姓家。軍資金を調達するあてもありません。

そんな矢先の雨の夜、勘平はイノシシと間違えて人間を撃ってしまいます。薬を持っていないかと、その男の胸のあたりをまさぐっているうちに手に当たったのは大金五十両……。勘平の心に魔が差します。

（この金を軍資金として差し出そう。そうすれば不忠者の汚名を返上でき、敵討ちにも加われる！）

千崎に金を渡して意気揚々と帰宅すると、その金が、なんと妻おかるの身売りの前金であることが判明します。ということは、暗がりでイノシシと間違えて撃ち殺した「あれ」は、舅殿だったのか‼　決め手は前金五十両が入っていたという財布の柄。勘平は自分のしでかしたことの重大さに震えおののきます。

家には女将《おかみ》と女衒《ぜげん》がいて、残りの五十両と引き換えに、すぐにでもおかるを連れて行こうとしています。すでに五十両を仲間に渡してしまっている勘平には、身売りを止めることができません。うなだれたままの勘平に、おかるは「私はどうすればいいの？」と問います。

おかるは納得して売られていくのか

「私の身を売ってでも金をこしらえ、夫を世に出してくだされ」

おかるがそう言ったから父親の与市兵衛は身売りの話をつけてきた、という筋立てになっている以上、おかるは自分の意志で売られていくはず。
それならなぜ、「どうすればいいの？」などと今さら聞くのでしょう。

親が娘を売るなんて現代の日本では考えられないことですが、昭和初期、東北地方で飢饉が続いたときは多くの娘たちが売られていったといいます。「身売り」まで行かずとも、金の苦労のため家族のために意に染まぬ結婚をした人は、そう遠くない過去にいくらでもいただろうと想像できます。自分を売らねばならぬ親の気持ちを察し、恨むこともせず、「進んで」その道を歩んだ人も多かったでしょう。

でも、心から納得していたかといえば、それは絶対にうそ。「家族のためだから仕方がない」と思いつつも、どこかで「やっぱり行くな！」と言ってほしい。その言葉を待っていたはずです。

おかるもまた、愛のため、愛する夫の幸せを考えて、身売りを決意しました。そのうえこの身売り話を、勘平は全く知らなかったのです。与市兵衛は「もしかしたら、婿殿《むこ》はわしらに遠慮して、おかるを売りたくてもそう言えないのかもしれない」と先回りし、話を進めていました。だからおかるは「きっと勘平さんはやめろと言ってくれる。私を売りたいはずがない。絶対に引き止めてくれる！」という希望を、最後まで持ち続けていたのではないでしょうか。

だからこそ、「あなたが決めて」とおかるは迫った。

「あなたの意志はどっち？」「あなたは私を売ってでもお金が欲しいのね？」「それがあなたの幸せなの？」「私が身を落としても、あなたは不幸にならないのね？」

彼女の一言ひとことが、私には、勘平に対する愛の最後通牒のように思えてなりません。

「もう、行くわね。行ってしまうわね。行っちゃうからね。ね、ね……」

未練を残しつつ立ち去ろうとするおかる。勘平も最後の最後にたまらず呼び止め、二人は抱き合います。でも、運命はもう変えられません。

娘を売られ夫を殺され、婿を告発する母・おかや

売られていくおかるを送り出すとき、母のおかやは「お客によっては、髪切れ、指

切れ、と心中立てを強いるものもいるという。髪は切っても伸びるけど、指など絶対切らぬように」と言い聞かせ、娘の手を取って泣きます。

娘を売って平気な母親がいるでしょうか。納得していないのはおかるだけではありません。おかやの涙に、その悔しさが込められています。この家のことを決める権利はすべて夫が持っていました。その夫が帰ってこないとなると、その権利は婿に。親であっても年長でもどんなに分別があっても、女には何も決める権利がありません。日本の女性に選挙権が与えられ、子に対して父と母が同権を持てるようになったのは、つい70年前のことなのです。

娘を売るだけでも悲痛なのに、同じ日に夫まで殺されてしまうおかやは、本当にかわいそうな女です。そんなつらさもすべて定めと受け入れようとしていたところ、勘平の懐から血塗られた財布を見つけたおかや。勘平こそ夫殺しの犯人だと思った彼女は、怒り心頭に発します。

「そこまでして金が欲しいか。夫はおまえのために、娘まで売ったというのに！」

「娘が売られたのは、おまえのせい！」

「返せ！　私の夫を返せ！　娘を返せ！」

どうして娘はこんな男にほれてしまったのか？　全身全霊で勘平をなじり、たたき、泣き叫びます。勘平も、これは事故だ、決して金欲しさに舅を殺したのではない、それだけはわかってほしいと思いつつ、姑《しゅうとめ》の怒りと哀しみの迫力を前にすると申し開きの口火さえ切れず、ただうなだれるしかありません。六段目の主役は勘平ですが、核となっているのはおかや。理不尽に家族を奪われるつらさは、万人の胸に突き刺さります。


そこへ、勘平から金を受け取った浪士二人がやってきます。一瞬、勘平の目から罪悪感がうせ、武士の面ざしが戻る！　はだけた着物の前を合わせ、乱れた髪をなでつけ、腰に大小（の刀）を差し、その腰のものの鞘《さや》を少しずらして刀の一部を鏡に見立て、もう一度髪の乱れを直そうとする念の入れよう。

おかやはこの罪人を逃がすものかと立ちはだかり、勘平の着物をつかんで離しません。そんな姑をいなしながら、勘平は必死で身なりを整え、「彼ら」を迎え入れます。「お取り込み中では？」と問われ、「いえ、大したことじゃありません」と答える勘平。

おかるをめぐる人物相関図

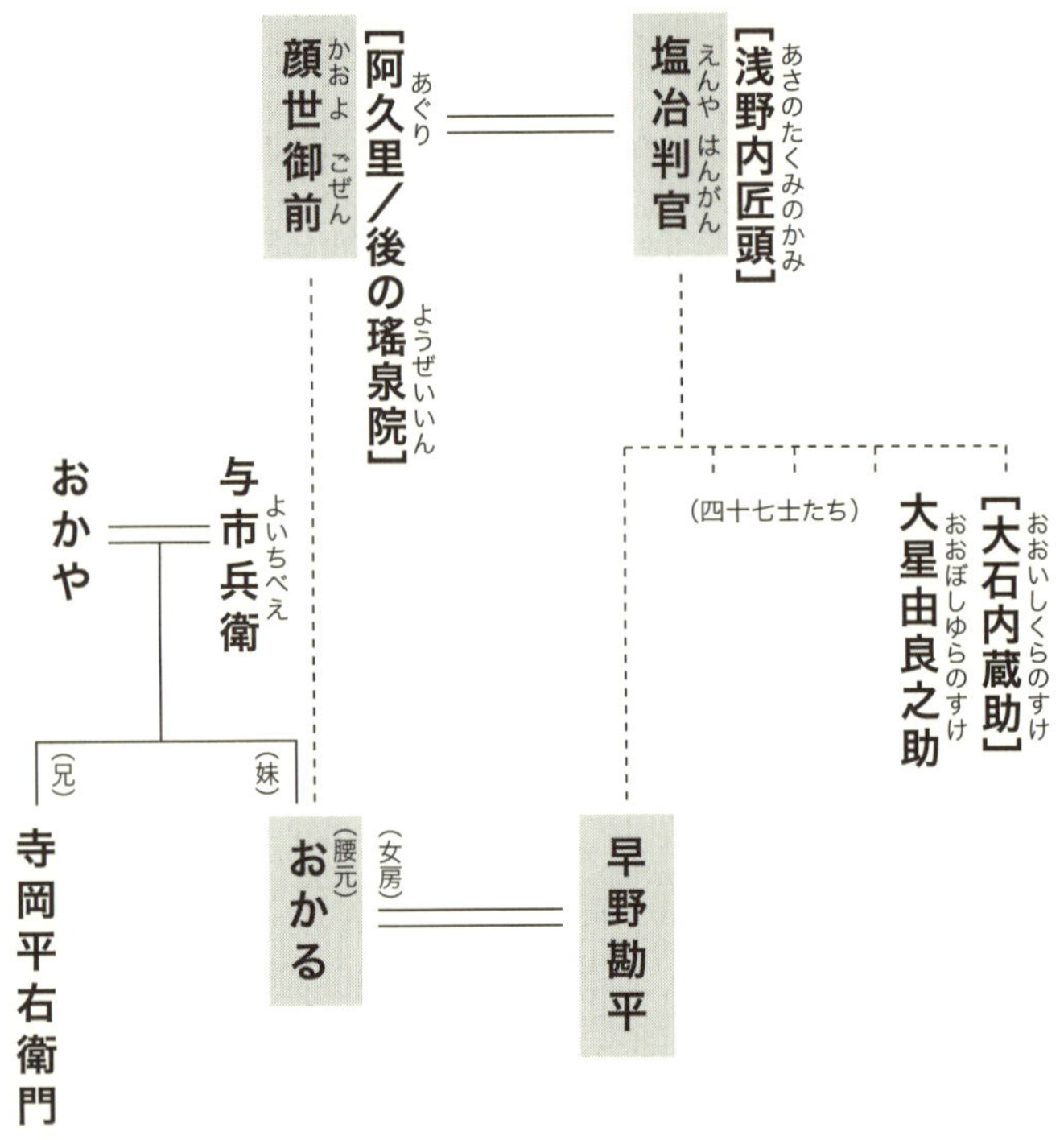

舅殺しを「大したことじゃない」と言いきってしまうところに、この「忠義者」のダークサイドが露見します。

おかやは二人の武士に勘平の行状をぶちまけ、この男を罰してほしいと頼みます。

「そんな金を尊い敵討ちに使えるか！」と浪士から金を突き返された勘平は、武士に返り咲きたいという願いを断たれ、絶望して腹を切ります。

情人にふけったばっかりに

勘平の本音が残酷なまでに露見する「大したことじゃない」の変わり身は衝撃的です。恋女房・おかるとの愛の日々、貧しくつつましく平穏な日々よりも、武士でありたかった。自分は百姓じゃない、武士だ。武士に戻りたいのだ！　もちろん、本気でおかるを愛しているし、おかるの両親も好き。でも、心の底では「しくじった」と思っている。それは、最期となる切腹の段のせりふに表れています。

「考えてみれば、どうしようもない男の、情けない人生でした。情人《いろ》にふけったばっかりに、大事な場面に遅れ、舅を殺してしまって懐の金を軍資金にと持っていき、その金は妻の身売りの金だったとは……」

どこでボタンをかけ違えたかといえば、「いろ（情人）」。つまり、おかるなんかに骨抜きにされちゃって、そこがいけなかったというのです。いまわのきわに吐いた本音がこれですから。今さっき自分のために売られていった妻に、自分の不運の責任をなすりつけるなんて……。

「いろにふけったばっかりに」と言いながら、勘平が自分の顔をたたくと、頬が真っ赤な血で染まるこのシーンは絵面《えづら》もよく、六段目の中でもハイライト中のハイライトですが、手放しで「美しい名場面」といってよいものでしょうか？　私はおかるの恋心が汚されるようで、観るたびに心がざわつきます。

この直後、与市兵衛は山賊に金を奪われて斬り殺されたことが判明。勘平がイノシシと間違えて撃ったのは与市兵衛ではなく山賊であり、結果的に、勘平は舅の敵《かたき》をとっていたことになります。しかし時すでに遅し。虫の息の勘平に、おかやは「私が早とちりしたせいで、ごめんなさい」と泣きながら謝ります。

早とちりしたのは、勘平も同じ。なんという運命の皮肉でしょう。

勘平の「名誉」は回復、晴れて赤穂浪士の一人に迎えられたぞ、という声を聞きながら、彼は絶命します。形としては彼の忠義心が報いられた結末だけれど、この場面を観て「忠義、サイコー」と思える人はどれくらいいるでしょうか？
敵討ちのために、妻を売ったり腹を切ったりするのは当然のことでしょうか？

忠義や敵討ちなどがいかに非人間的な無理を人々に強いるかを、鮮烈に描いている六段目。「使命」に振り回されて「生活」を忘れ、自分の周りにある大切なものを見失い、地獄に堕《お》ちていく愚かな男の物語であり、彼を愛し支え、堕ちていく哀れな女の物語でもあります。フィクションの中で等身大の庶民のリアルな感覚が躍動し、共感を呼ぶのです。

妻から遊女へ～おかる第三の顔～

おかるは三段目で腰元、六段目が女房、七段目は遊女として登場します。「六段目は女房ながら腰元の心、七段目は遊女だが女房の心で務めるように」と伝わる役者の心構えは、おかるという女の多面性と、枠にはまらない性格をよく表していると思います。七段目でおかるは艶やかな遊女姿になりますが、「女房」としてのいちずさがにじみ出るせいか、まだ一人も客をとっていないんじゃないかと思うほど「遊び女」のイメージが希薄です。

しかし平成25年（2013年）12月、歌舞伎座公演で坂東玉三郎がおかるを演じたとき、私は遊廓という場所で生き抜くおかるのしたたかさを目の当たりにしました。大星由良之助とのやりとりに、その片鱗が感じ取れます。

話術で客を手玉にとる

大星由良之助（＝大石内蔵助）は一力茶屋に入り浸って大酒を飲み、放蕩ざんまいを続けています。敵討ちをする気があるのか、味方の塩冶浪人が確かめに来ても、敵を欺くにはまず味方から。由良之助は本心を見せません。そこへ密書が届きます。パタリと落ちる簪《かんざし》の音から、由良之助はおかるにのぞき見られたことを察知し、彼女を呼んで真偽のほどを確かめようとします。

「コレ、かる、そもじは何ぞご覧じたか」「アイ、いいえ」

「イヤ見たであろ」「何じゃやら、面白そうな文を」

「アノ二階から」「アイ」

「残らず読んだか」「おゝ、くど」


「見たか」と言われて「はい、……いいえ」と、あいまいな返事をする。そうかと思えば、「なんか興味深い手紙を（見た）」と意味ありげに言う。ニッコリ笑って一種の脅し？　「残らず読んだか？」と念を押す由良之助に、「くどーい！」とうんざり顔。なかなか手ごわい。おかるのほうが一枚上手です。

するとと由良之助、突然「ほれた」「女房になれ」「身請けする」と言い出します。でも彼女は意に介しません。

「何言ってるの！」「絶対ハイって言うもんですか！」「みーんな、うそ、うそ」

おかるは知っているのです。

なじみでもない男が急に身請けなどするはずがないと。

「今夜のうちに身請けしてやる」「3日だけ囲って、後はおまえの自由だぞ」の言葉にも、「まあうれしいわ!……って言わせておいて、後からうそだぴょーん、って言うつもり?　こんな都合のいい話を真に受けたら、後から私を笑うんでしょう」

遊女になって数カ月、おかるは勘平からの手紙を待ちわびていました。

(私が身を売ってつくったお金で、勘平さんは武士に戻れたのかしら)

(なぜ手紙をくれないの?　ほかに女でもできたの?)

だからこそ、由良之助がひそかに読む女文字の手紙を恋文と勘違いしてうらやましくなり、他人のものでもいい、恋の気分が味わいたくてのぞいてみたのです。

最初は「みんな、うそ、うそ」と冗談めかし、由良之助の身請け話をあしらっていたおかるも、「今から金を払ってくるからそこで待っとけよ」と言われ、次第に気持ちが動き始めます。

「3日でいいんですね」「その後は自由ですね!」

(勘平さんに会えるんだ!)

突然訪れた解放の日!　天にものぼる至福の瞬間!

……しかし勘平は、このときすでにこの世の人ではありませんでした。

妹、わりゃ何にも知らねえな

おかるに勘平の死を知らせたのは、兄の寺岡平右衛門です。塩冶浪人たちにつき従って一力茶屋に来た平右衛門は、足軽の身ながら敵討ちに加わりたく、由良之助に願書を差し出しますが、酔ったふりの由良之助は全く相手にしません。

そうこうするうち、遊女となった妹のおかると再会します。おかるが由良之助に身請けされるいきさつを聞いて、由良之助が密書を読んでしまった妹を殺すつもりだと気づいた平右衛門は、いきなり彼女に斬りかかります。

「どうせ殺される運命なら、俺が殺す。そして、それを手柄に敵討ちの仲間に入れてもらう!」というのが平右衛門の理屈ですが、皆さん、これに納得できます?

私は無理! 歌舞伎には子殺しとか身代わり殺人とか、理不尽なことが多々ありますが、その中でもこのくだりには、かなりの無理筋を感じます。だって二人は直前まで、それこそフーテンの寅さんと妹のさくらのように「おめえ、しばらく見ないうちにきれいになったなぁ」などと楽しげに話しているんですよ。急に「おまえはどうせ死ぬ運命。だからその首、俺にくれ」って言われても、「アイ」と言えるはずがない。おかるはきっぱり言います。

「私には勘平さんという夫がいる。兄さんの思うとおりにはなりません！」

可愛や妹、わりゃ何にも知らねえな。

平右衛門はここで初めて勘平の死、そして父・与市兵衛の死を明かすのでした。何のためにこの身を売ったのか。すべてが水泡に。おかるには絶望しかありません。

「勘平さんがいないなら、生きている意味がない。兄さんの役に立つなら早く殺してちょうだい。いや、兄さんが私を殺したらお母さんが悲しむわ。自殺するからその後で、首でも何でも持っていって！」

おかるは兄のために死ぬんじゃない。ましてや忠義のため、敵討ちのために死ぬのでもない。勘平のいない世の中に価値を見いだせず、命を断とうというのです。

そこへ由良之助が登場。おかるが勘平の女房とわかったので、同志だからもう死ななくていいし、平右衛門も仲間に加えると言ってくれます。ご都合主義にも見えますが、ここでおかるが死んだら本当にかわいそうすぎる！　私はほっと胸をなでおろします。

でも、勘平さんのいない世界を、彼女はこれからどうやって生きていくのでしょう。

勘平を失ったおかるの「それから」

由良之助によって身請けが決まり、かつ殺されずにすんだということは、おかるは遊廓から出られたはず。彼女はきっと田舎に帰り、母親のおかやと二人、慰め合って暮らしたのではないでしょうか。浪士たちの討ち入りが成功した後は、勘平の名が四十七士の中に入っていることを誇りに思ったことでしょう。おかやも「うちの婿はなあ……」と近所に自慢して回ったかもしれません。

兄に殺されそうになったり、夫のために苦界に身を沈めたり、夫が壮絶な死を遂げたりしたという苦しい思い出も、そういう中で少しずつ薄らぎ、いい思い出だけが残っていってほしいものです。

思えばジェットコースターのような人生でした。都会に出てOLになり、激しい恋をした。その恋ゆえに男のキャリアをつぶし、死のうとする男を命がけで助け、その男のために身売りまでしたのに、結局彼は自害して果てた。そのうえ兄には出世のために殺されかけ……。

そんな修羅場をくぐり抜けられたのも、おかるが生のエネルギーにあふれた女性だったからだと私は思います。愛する人のため自分のすべてをささげ、どうにかして二人生きようとするおかる。彼女の行動にためらいはなく、打算もなく、視線の先にはただ勘平がいるだけです。勘平にとって武士として生きることがすべてだったように、おかるの人生には勘平しかいなかったのですね。

次々と武士たちが忠義のために死んでいく『仮名手本忠臣蔵』にあって、恋に生き、人生の一瞬一瞬を謳歌するおかるは、まさに対極の存在といえるでしょう。

どっこい生きていく。どんなときでも前を向く。そのバイタリティーが、人々を元気にするのだと思います。おかるという女性の中に、地母神《じぼしん》のような魅力を感じずにはいられません。

彼女はやがて次の恋を見つけ、再婚して子どもをたくさん産むような気もします。

腰元、女房、遊女に続き、母親としてのおかるも、きっと全身全霊で愛する者を守り、人生を突っ走ることでしょう。

「家はつぶしてください！」と おみのは言った

元禄忠臣蔵《げんろくちゅうしんぐら》「大石最後《おおいしさいご》の一日《いちにち》」

赤穂浪士の討ち入り後、大石内蔵助以下17名は細川家にお預けとなった。彼らは丁重に扱われ、罪人というより客人に近い。裁定がなかなか出ないのは、幕府も迷っているのでは？　死罪は免れるかもしれない……などと憶測が飛び交うまま、50余日が過ぎた。

そんなときに、女だてらに小姓のなりをして、赤穂浪士に近づこうという者がいた。細川家に仕える堀内伝右衛門が、旧友・乙女田杢之進《もくのしん》の娘・おみのを手引きしたのだ。内蔵助に女と見破られたおみのは、身の上を話し出す。浪士の一人である磯貝十郎左衛門を婿《むこ》に迎える約束をしたが、結納の日になっても磯貝は現れなかった。そして後日、討ち入りに参加したことがわかったという。

ひと目でいいから磯貝に会いたいと願うおみのに対し、内蔵助はつれない。裁定を前に磯貝の心を乱すだけだ、何も言ってくれるなと帰そうとする。

「だまされたまま磯貝を憎み続けるほうが、あなたのためにもなる」とまで言う。

それに対し、おみのは敢然と立ち向かい、引き下がらない。

「あなたは女心をちっともわかってない。捨てられて、そのうえ、磯貝の本心を疑ったまま生きろというの？」と。

おみのはただ知りたいのだ。自分は敵《かたき》討ちのための道具として利用されただけなのか、それとも本当に愛されていたのか。たとえ敵討ちの道具だったとしても、いささかなりとも情愛を感じてくれていたのか。

◇

「私のこと、本当は好きだった？」

添い遂げたいとか、そういうことではなく、これだけを知りたいおみのの気持ち、わかります！

内蔵助、最終的には磯貝と会わせますが、今度は磯貝が否認。「そんな女は知らない」とか言っちゃって。すると大石がひとこと、「おまえ、琴の爪を大事に持ってるだろう？」

それを聞くや否や、おみのの顔は恍惚として輝き、それ以上の詮索をやめるのでした。

かつて自分と琴を弾いたときの思い出を、彼はずっと懐で温めてくれている。

（私のことを大事に思ってくれていた）

それを知れただけで、おみのの心は満たされたのです。

そこへ赤穂浪士に切腹の裁定が下されたと知らせが入り、おみのは自害に及びます。せっかくおみのの家を再興することが決まっていたのに、と嘆く伝右衛門に向かって、「家は、つぶしてください」とおみの。

「つぶしてください」ですからね。自分の恋の成就の前には、家の存続など何の価値もない。おみのはこの言葉を内蔵助の前で言います。敵討ちのために妻を離縁し、いまだ15歳の息子までをも死出の旅の道連れにした内蔵助の前で。

愛と忠義はどちらが重い？

庶民に犠牲的精神を強いる国家の欺瞞《ぎまん》を痛烈に批判した、真山青果の『元禄忠臣蔵』全10編の中でも、女性の強さ、愛の美しさが光る一編です。

第五話　女殺油地獄《おんなころしあぶらのじごく》

犯罪被害者の叫びが聞こえる

～お吉

『女殺油地獄』は近松門左衛門最晩年の作で、当時実際に起こった事件をもとにしているといわれています。

クライマックスは殺人現場。文字どおり繰り広げられる「油まみれで殺される女が見た地獄」が、まるで再現ドラマのように描写されます。

23歳の若者・与兵衛《よへえ》が遊興費のためにつくった借金を返すため、知り合いの店の金を盗んでその家の妻を殺害するという短絡的な犯罪は、現代社会において、いつどこで起きてもおかしくありません。そうした共感性があるのか、戦後に入ってから上演が増え、人気の演目となっています。

歌舞伎にはよくあることですが、犯罪者のほうが主人公。与兵衛の人物造形の複雑さは単純な「悪人」の域をこえ、私たちに「若者が犯罪者になる過程」をさまざまに考えさせてくれます。わがままに育った大店の次男坊の甘さ、傲慢さ。そうかと思えば殺伐とした修羅の顔に、途方もない孤独が漂う瞬間。根は悪い人じゃない、と思わせたかと思うと、突然スイッチが入ったように暴力の限りを尽くす。ひと筋縄ではいかない男です。

こうした微妙な心理の変化や表情の陰影は、昭和39年（1964年）の主演以来、与兵衛を当たり役とする片岡孝夫（現・片岡仁左衛門）がつくり、練り上げて完成しました。

家庭内暴力の場面など、血のつながらぬ我が子とどう接してよいかわからず右往左往する義父、ためにならぬと厳しく突き放しながらも、おなかを痛めて産んだ子を憎みきれずあれこれ画策して力になろうとする母の親心など、両親の心理の描き方にも普遍性があり、そのまま現代に通用するリアルな描写となっています。

油屋の若妻はどうやって殺されたか

もしこの事件が21世紀の今起こったら、現代のマスコミはどのように報じたでしょう。物語の概要を記事仕立てにすると次のようになります。

「5月5日未明、大阪市北区・天満橋近くの油商、豊島屋七左衛門さん（42）宅に強盗が入り、妻の吉《きち》さん（27）が殺害された。七左衛門さんは4日午後7時ごろ集金先からいったん店に立ち戻り、それまでの集金分を戸棚に収めた後、再度集金のため出かけた。深夜帰宅したところ、店内は油樽が散乱し一面油まみれで、妻の吉さんが倒れているのを発見した。吉さんは刃物のようなもので何カ所も刺されており、すでに死亡。戸棚に収めた集金分50万円がなくなっていた。3人の娘は奥で寝ていたため無事。警察の調べによると、七左衛門さんの外出後、午後8時ごろ近所で同業者の河内屋夫妻が訪問しており、そのとき吉さんに預けた1万円も見つかっていない。河内屋夫婦は、前日勘当した次男・与兵衛さん（23）のことで、相談に訪れていたという」

これを読んで、皆さんはどう感じますか？　犯人は誰だと思いましたか？

浮き彫りになる容疑者の家庭環境

「勘当された」という河内屋の与兵衛、気になりますよね。油屋仲間の人妻と不良少年！　こりゃあ売れるぞ！　と週刊誌の記者やテレビのワイドショーのリポーターたちは、きっと色めき立って周辺取材に走るに違いありません。

そこで浮かび上がる事実とは？

・与兵衛は油を扱う商家・河内屋の先代の息子で、母・お沢は夫の死後、番頭だった徳兵衛と再婚して気丈に店を守ってきた。

・長男の太兵衛は真面目で優秀、すでにのれん分けを許され支店の主人となっている。

・それにひきかえ、与兵衛は昔から怠け者で遊び好き。金がなくなれば義父を見下しては小遣いをせびる。思いどおりにいかないと、義父だけでなく実母や兄妹にも手を出すという家庭内暴力の常習者。
・義父は穏やかな人間で、昔の主人に面影の似てくる与兵衛をなかなか叱れず唯々諾々。
・親戚筋に迷惑をかけてしまいやむなく勘当したが、わびを入れればすぐに許すつもりでいた。
・事件当夜は勘当直後だったので、もし与兵衛が困って油屋仲間の豊島屋に寄ることがあれば、わびに戻るよう口添えしてくれ、と頼みに行った。

生い立ちに多少同情の余地があるとはいえ、同じ境遇の兄は立派にひとり立ちしていることもあり、23歳にもなってこれでは、誰もかばってくれません。

世間の厳しい目は、容疑者だけでなく、容疑者の家族にも容赦なく向けられます。

「複雑な家庭だからね」

「甘やかしすぎ。しつけがなってない」

「自分の子どもには、もっと毅然とするべき」

普通より裕福な商家だっただけに、物見高さややっかみも手伝って、なおさらバッシングは強くなったのではないでしょうか。与兵衛には借金もあり、「動機」は十分です。江戸時代にもかわら版とか読売《よみうり》といった新聞のようなものがありました。今と違って「犯人」と「容疑者」の区別もはっきりせず、「人権」などという言葉のなかった時代、こんな事件が起こったら、おそらく世間はすぐに「犯人は与兵衛」に傾いたと思います。彼や彼の家族のことは、瞬く間に人のうわさにのぼっていくことでしょう。

被害者にも落ち度はあった？

片岡仁左衛門をはじめ、市川海老蔵、市川染五郎、尾上菊之助、片岡愛之助など、名だたるイケメン俳優が与兵衛を演じていることもあり、「金に困って他人を殺した愚かな男」なのに、観客はどうしても与兵衛を「魅力的な人」「本来はいい人」に思ってしまいます。

錦絵のように妖しい美で描かれる殺人現場では拍手が起こるなど、そのために歌舞伎的な倒錯が生じるわけですが、でもよーく考えてみてください。殺人ですよ。殺される立場になってみてください！

お吉は17歳で豊島屋に嫁ぎます。当時13歳だった与兵衛とは近所なので顔見知りとなり、約10年。自分とそれほど違わない年齢なのに、いまだにすねたり、けんかをしたり、子どもっぽいところがある与兵衛を、彼女は親戚の子どものように思っていたのかもしれません。

この前もけんかをして泥だらけになっていたからつい姐《ねえ》さん風を吹かせて着物を脱がせ、洗ってあげたりして面倒を見てあげた。お吉は屈託のない優しい人なのです。9歳、7歳、1歳の娘を持つとはいえ、お吉はまだ27歳。年上の夫より、23歳の与兵衛とのほうが話が合ったとも考えられます。でも、それを夫に見とがめられたことで、人への親切もほどほどにしないと他人には疑いの目で見られるのだと気がつき、無防備すぎた自分を反省する賢明さもありました。

けれど見る人が見れば、違う解釈も生まれます。

「事件の数日前、行楽地で行き合わせたお吉と与兵衛が、親しそうに茶屋に入っていった」うえに、遅れて到着した夫が二人の様子を見て嫉妬し、声を荒らげていたという目撃者談まで飛び出せば、世の中あっという間に風向きが変わります。プライバシーを暴かれるのは容疑者だけでなく、被害者も同じ。うわさはうわさを呼び、巷を駆け巡るのでした。

(もしかしたら、与兵衛とお吉さん、前からデキてたんじゃない?)
(考えてみれば、いくら知り合いとはいえ、夫のいない夜遅くに若い男を家の中に入れるのは、人の妻として軽率では?)
(やだ、じゃ、これって痴話げんかか別れ話のなれの果て?)

そんなひそひそ話が井戸端や軒先から、今にも聞こえてきそうです。人はどうして女性の色気にここまでシビアなのでしょうか。

今でも、女性が性的いやがらせを受けたと訴えても、被害にあった時間帯や服装の派手さ、飲酒の有無やらをあげつらい、「隙があった」「その気にさせたおまえが悪い」など、ひどいことをされた彼女のほうを非難したりたしなめたりする人が多くなります。さらに「本気で抵抗したら逃げられるはずだ」という思い込みも、多くの女性被害者を苦しめ続けています。

お吉さんは被害者なのです。しかも、殺されて何も弁明できません。真相はどうだったのでしょうか？

凄惨な殺人現場の一部始終

本当の殺人現場にカメラはありません。知っているのは、加害者と被害者だけ。近松は、そうした殺人現場の一部始終を想像力豊かに再現していきます。

事件の夜、与兵衛が来ると、お吉は河内屋夫婦から預かった銭八百文《もん》（約1万円）を渡して諭します。

「お母さんもお義父さんも、あなたのことがかわいいのよ。謝れば許してもらえる。親心に感謝して、心を入れ替えなさいな」

ところが与兵衛は「そんなはした金じゃ足りないんだ。今夜返さなければならない借金がある。お吉さん、銀二百匁《もんめ》（約20万円）、貸してくれ」と迫ってきます。

実は与兵衛、今でいうヤミ金のようなところに、義父の実印をついて借金をしていました。朝までに返済しないと借金は新銀一貫目（約３００万円）に膨れ上がり、それが返せなければ河内屋の家屋敷はすべて乗っ取られてしまいます。

折しも今夜は5月5日。端午の節句は節季といって、盆暮れと同じように掛け売りの集金の期限となっていました。商家の生まれの与兵衛はこのことをよく知っており、今夜なら豊島屋に現金があると鼻をきかせてやってきたのです。

「確かに、さっき集金した銀五百匁（約50万円）が戸棚にあるけれど……」

――お吉さん、いけない！

それ、防犯上、絶対口にしちゃいけないことですよ！

「あるにはあるけど、夫が帰るまでは私にはどうにもならないし、それにこの前、着物を洗ってあげたことで不義だなんだと誤解され、大変だったんだから。またあんなふうに不機嫌になられたらたまらない。早くお帰り」

金のありかを知った与兵衛は、お吉が追い返そうとしても引き下がりません。

「ではいっそ、俺と不義になって貸してくれ」などと言い寄る始末。お吉はきっぱり断るけれど、与兵衛の眼中には、もはや戸棚の中の銀五百匁しかないのでした。

お吉は与兵衛の殺気に気づき、後ずさりを始めます。与兵衛はお吉を刺そうとする。

はずみで樽が倒れ、商売ものの油がこぼれて暗闇の土間を覆う。ぬるぬるの中で必死に逃げ惑うお吉を、与兵衛は次第に追い詰めていきます。

キリキリという三味線の音がまるで現代音楽のように二人の動作に絡みつき、音階を上がったり下がったり、止まったり動き出したり。浄瑠璃が醸し出す独特の世界は、観客を殺人現場の臨場感に引き込んでいきます。

ついにお吉を殺して我に返った与兵衛は、歯の根も合わず腰も抜け、最初はおちおち逃げ出すこともままなりません。それでも金はきっちり奪い、すべてを懐にねじ込み、ねじ込み、ようよう夜の闇に消えていくのでした。

ただの不良少年が、親に甘えてすねていただけの単なる遊び人が、人を殺してしまった。もう、ここからは引き返せなくなる。本物の悪党になるしかなくなる。その瞬間を、近松は捉えて描ききっています。

何の落ち度もないのに

実はこの作品、発表当時の興行は全くふるいませんでした。

「親の因果が子に報い」とか「因果は廻《めぐ》る糸車」などといった文句にもあるように、その身に起こる不幸には、何かしら自分の側にも原因があると考えられていた江戸時代。自分に落ち度がなければ親に、親になければ先祖にまで、因果関係を求めています。逆にいえば、どうにでも理屈をつけなければ、理不尽すぎる不幸を受け入れることなんかできない、ということなのかもしれません。

ところがこの話、お吉は何の罪もないのに殺されます。そこが同時代人には合点がいかなかったのではないでしょうか。

良妻賢母で誰にでも親切にする心根。それらが場面場面で逆に災いし、気がつけば他人である与兵衛の金銭トラブルに巻き込まれてしまうお吉。情事の一つもないのに油まみれで死ななければならないなんて、あまりにもかわいそうすぎます。話の最後に与兵衛は捕まりますが、三人の子を残して死ぬ母の、無念を吹き飛ばすほどのカタルシスはありません。

当時の観客にすれば、お吉が与兵衛と密通でもしてくれていたほうが、ずっとわかりやすかったことでしょう。実際、前述の「うわさ」のように、「実は二人は好き合っていた」「お吉が与兵衛をたぶらかした」というバージョンにアレンジしたものは、江戸時代によく上演されていたようです。

近松は、多くの人気作品を生み出してきました。その近松がなぜ、晩年になって「当たりのセオリー」をあえて外した作品を書いたのでしょう？

光市母子殺人事件を世間はどう見ていたか

ここで思い出していただきたいのが、平成11年（1999年）4月14日、山口県光市で起こった光市母子殺害事件【注10】です。当時18歳だった少年が、主婦（当時28歳）を殺害、生後11カ月の娘も殺したうえ財布を窃盗したという事件は、容疑者が少年であることから実名報道の可否や、死刑が適用されるかが大きく取り沙汰されました。

妻子を殺害された夫が被害者側の意見を当事者として積極的に公表し、その後「犯罪被害者の会」設立にも結びつく行動を開始したことで、私たちは「報道」と「事実」の乖離《かいり》や、被害者の尊厳を守ることの難しさを深く考えさせられました。同時に、遺影を法廷に持ち込めるようになるなど、司法の場にも大きな変革をもたらしています。

この事件の発生当初、私の疑問はまず「なぜ女性は少年を家に入れたか」でした。二人も人が亡くなったというのに、「知らない人を家に入れるはずがない」という思い込みが先に立ってしまい、かわいそうとか残忍とかの以前に「なぜ入れた？」が頭から離れなかったのです。実際には排水管検査を装って家の中に入ったということですが、第一報ではそれは明らかではなく、「二人は顔見知りだった」などという、後で考えれば不確かで無責任な報道もありました。

もし、遺族が声を大にして事実を公表し、13年にも及ぶ法廷での闘いを続けていなければ、恥ずかしいことに私も、被害女性について思い違いをしたままだったかもしれません。

死んでいった者の代弁者として

『女殺油地獄』のお吉さんと、光市母子殺人事件の被害女性。私には二人の悔しさが重なって見えるのです。与兵衛という殺人者とその家族を描いた『女殺油地獄』ですが、脇役であるお吉の描かれ方に実は重要なメッセージがあるのではないでしょうか。

平成12年（2000年）に出た光市母子殺人事件最初の判決文には、「(被害女性には）何らの落ち度もなく、幸福な家庭を築いていた被害者らの無念さは筆舌に尽くし難いものであり、遺族が本件各犯行によって被った悲嘆、怒り、絶望は、察するに余りある」というくだりがあります。

お吉の「私は何にも悪いことをしていません！」という叫びこそ、近松が最も描きたかったことなのではないか。21世紀に光市母子殺害事件の遺族が人生をかけて世に問うた犯罪被害者の叫びを、18世紀、近松門左衛門は早すぎる傑作として世に遺したのではないかと私は思うのです。

【注10】山口県光市母子殺害事件については、『なぜ君は絶望と闘えたのか――本村洋の3300日』（門田隆将著・新潮社）に詳しい。また、この本を原作に平成22年（2010年）、WOWOWが制作したテレビドラマ『なぜ君は絶望と闘えたのか』（DVD発売・東映ビデオ）は、フィクションだが非常に優れた作品。

第六話　一谷嫩軍記《いちのたにふたばぐんき》「熊谷陣屋《くまがいじんや》」

16年目に訪れた残酷すぎる再会

～相模と藤の方

これからお話しする「熊谷陣屋」には、相模《さがみ》と藤《ふじ》の方《かた》という二人の女性が登場します。同じ時期におなかに子を宿した二人。妊娠の秘密を二人だけで分かち合い、助け合った女たちが16年後に再び出会ったとき、悲劇はすでに起こっていました。

捕らえてみればまだ子ども

「戦争とは爺《じい》さんが始めて、おっさんが命令し、若者たちが死んでゆくものだ」という言葉があります【注11】。いつの世も、何もわからぬまま戦争に駆り立てられていく少年兵を、我が子と重ねてつらく思うもの。「熊谷陣屋」は誰もが感じるそんな気持ちを前面に出した物語です。

主人公は、『平家物語』の「一ノ谷の戦い」で、平敦盛《あつもり》の首を取ったとされる人物・熊谷直実《なおざね》。源氏の武将・直実が、「鍬形《くはがた》打つたる甲《かぶと》の緒を締め、金作《こがねづく》りの太刀《たち》を佩《は》き、……（中略）……連銭葦毛《れんぜんあしげ》なる馬に金覆輪《きんぷくりん》の鞍置いて乗つたる」という立派なしつらえの平家の武将を捕らえてみると、まだ少年の敦盛。小次郎という同じくらいの子どもがいた直実は、ふびんに思って見逃そうとするのですが、結局は武士の習いと覚悟を決め、泣く泣く敦盛の首をかき切ります。

この「敦盛最期」の逸話は『平家物語』の中でも有名なくだりで、学校で習った人もいるかもしれません。

あはれ弓矢とる身程口惜しかりける事はなし。
武藝の家に生まれずば、何とてか唯今かかる憂き目をばみるべき。
情なうも討ち奉るものかな

「弓矢を取る身の上ほど情けないものはない。武士の家に生まれなかったら、このようなつらい目にあうことは決してなかったであろうに。薄情にも、私はあの少年を討ってしまったんだ」

そう言って袖に顔を押し当て、さめざめと泣いた直実が、その首を主君の源義経に見せるために自分のベースキャンプ（＝陣屋）に戻ってくるところから、「熊谷陣屋」が始まります。

小次郎の母・相模

ここで、「あり得ない」ことが発生！　戦場である一ノ谷の近く兵庫県の須磨の地へ、埼玉県熊谷市から直実の妻がやってきました。

妻の名は相模。息子の小次郎は今度が初陣なので、父の直実が一緒とはいえ、けがなどしていないか気が気でなく、とうとう須磨の陣屋まで来てしまうのでした。

子どもが心配で戦場に駆けつける母親というと非常識に聞こえますが、今は就職試験についていく親もいるようですし、子どもの生死にかかわる心配という意味では、相模の気持ちのほうがずっと理解できるような気がします。

そんな相模に向かい、夫の直実は「出立の際、陣中には手紙も出すなと言っておいただろう。それが女の身でこんなところまで来るとは何事だ！」と訳も聞かずに叱りつけます。これって、妻が会社に電話すると「仕事場に電話なんかかけてくるなよ！」と不機嫌になる夫と全く同じシチュエーションだと思いませんか？

今、どうしても相談したいことがあるからこそ連絡をとっているのに、頭ごなしに「かけてくるな！」と言われて憮然としたこと、私、経験あります。タイミングが悪かったのかもしれないけど、こっちの気持ちも察してよ、と言いたくなりますよね。

相模がふたこと目には「小次郎は無事か」と尋ねるので、直実は「戦をしに来ているのに、未練たらしいことを言うもんだ。じゃあ聞くが、もし討ち死にしたらどう思う？」と問いただします。すると相模、「そりゃあ、初陣で向こうの偉い大将とでも斬り合いになって討たれたのなら、まあ、うれしいかも……」と、けなげな言葉を発します。これ、絶対「建て前」ですよね。

武家とはいえ、自分の子だけはできれば戦になんて行ってほしくない、それが本音のはずです。ましてや相模にとって小次郎は、16年前「禁じられた恋」の末に宿した大切な命なんですから。

それは、当時ご法度だった使用人同士の恋。今ふうにいうと、社内恋愛禁止あるいは部活でマネジャーと選手の恋の禁止のようなものですが、その罰は非常に重く、死罪だったのです。相模は京・後白河法皇邸で、法皇の愛妾《あいしょう》・藤の方に仕えていました。そのころ「佐竹次郎」と名乗っていた直実は、屋敷の警護をする北面の武士。恋愛発覚後、直実もろとも殺されるところを、藤の方の計らいで屋敷の外に逃げることができたのでした。

共働きの二人が住まいも仕事も捨て、相模は身重の体での出奔、都を離れ東へ東へと流れていきます。その明日をも知れぬ状況で産んだ小次郎を、相模は人一倍大切に育てたに違いありません。

敦盛の母・藤の方

なぜ藤の方は、相模たちの命を助けてあげたのでしょう。それは藤の方もまた、愛する人の子どもを宿していたからだ、と私は推測します。

藤の方は、後白河法皇の寵愛を受けていました。しかし身分が低いこともあって後ろ盾のある愛妾たちからのやっかみは日ごとに増すばかり。これでもし法皇の子を身ごもっていることを知られたら、母体ごと抹殺されかねない状況でした。つまり藤の方もまた、命がけの恋のさなかに身を置いていたのです。相模の苦境を他人事とは思えなかったことでしょう。

やがて藤の方は、身重のまま平経盛《つねもり》に下げ渡されます。「殺されないように」とはいえ、体のいい厄介払いともいえる仕打ち。生まれた子どもは敦盛と名づけられ、平氏の一員として育てられますが、「もしかしたら後白河法皇の息子かもしれない」といううわさは絶えることがありませんでした。

史実でも、敦盛は「無官の大夫《たいふ》」です。平家一門が栄えるとともに、平氏は皆それなりの官職についていましたが、敦盛だけは「大夫」という位でありながら無官。その理由を「敦盛は天皇の血筋だからではないか。いつか天皇の位を継ぐ可能性があるからではないか」と勘繰られたようです。

「熊谷陣屋」は『一谷嫩軍記』という全五段長編の第三段にあたりますが、この序段には、育ての親の経盛が敦盛に対し「我が子として育てはしたが、あなたの本当の父は後白河法皇。平家のために戦う必要はない」と出生の秘密を告白する場面があります。すぐに戦線を離れて都に戻るよう諭しますが、敦盛は「僕にとって父親はあなた。僕は平家のために戦います」と言って出陣してしまう。母親の藤の方は涙に暮れるばかりでした。

平家の勢力が衰える中、藤の方もほうぼうを逃げ回ります。そしてたどり着いたのが、熊谷直実の陣屋！　敵のベースキャンプとも知らずに助けを求めた藤の方を迎えたのは、なんと、この地に着いたばかりの相模だったのです。

16年ぶりに出会った喜びもつかの間

敵陣に迷い込んだのに、最初に出会ったのが旧知の相模だったのは藤の方にとって幸いでした。

「元気にしていた？」

「あのときは本当にありがとうございました」

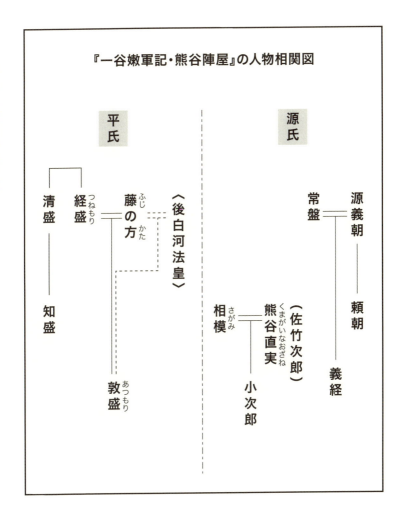

『一谷嫩軍記・熊谷陣屋』の人物相関図

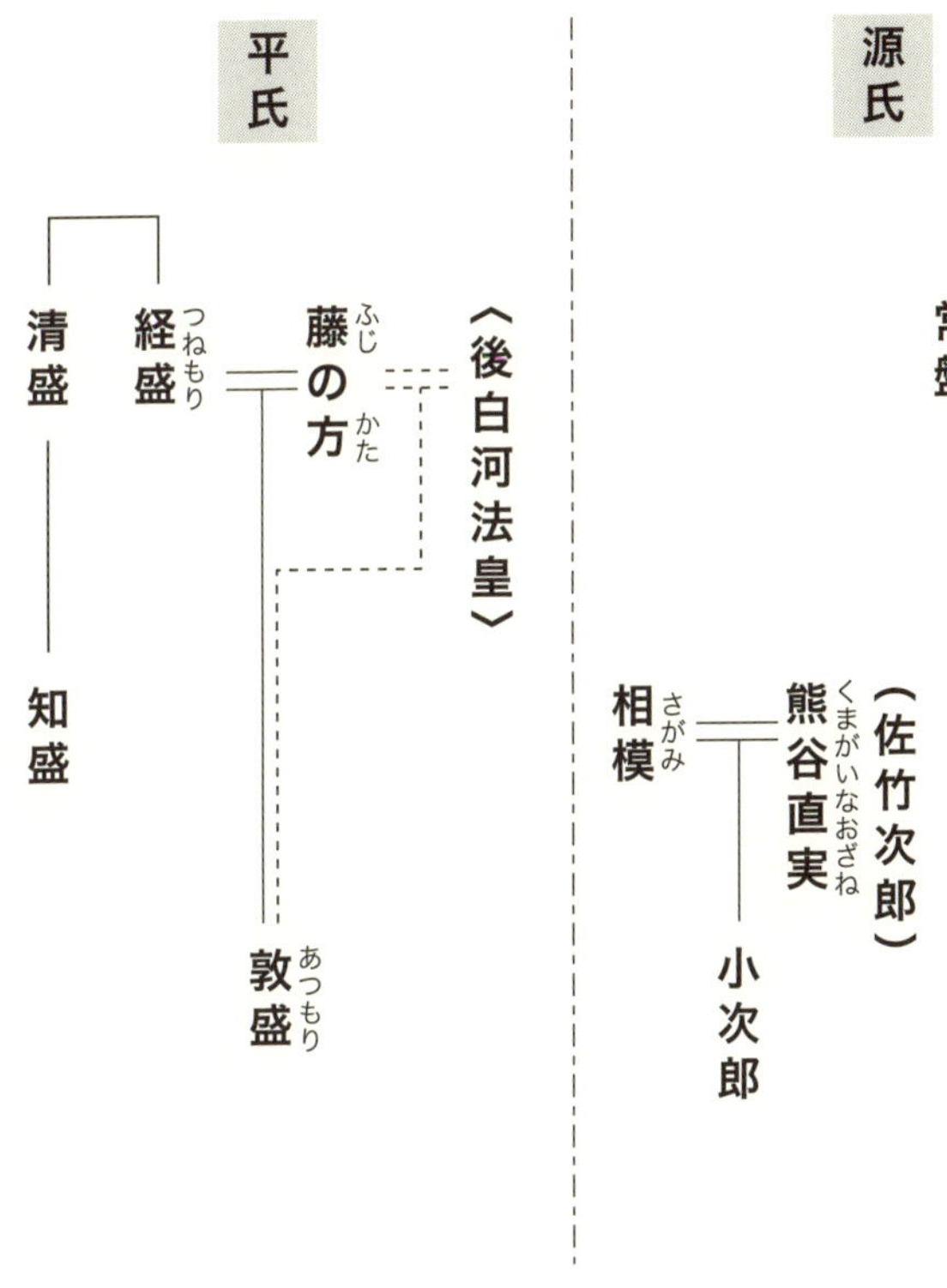

偶然出会えた懐かしさと安堵《あんど》。その再会は二人にとって素晴らしいものになるはずでした。

「それであなた、今はどうしてるの？」

藤の方の問いかけに、相模はうれしそうに近況報告を始めます。

「あのころ夫は佐竹次郎といって一介の北面の武士にすぎませんでした。でも今は武蔵の国の住人、熊谷次郎直実と名乗り、いっぱしの領主ですよ」

夫自慢ですね。「宅もそれなりに出世いたしましてね、あたくしも、今や市長夫人ですの、ホホホ」みたいな感じでしょうか。

ところが「熊谷直実」と聞いた藤の方は顔色を変えます。藤の方は逃げる途中、愛息・敦盛が熊谷直実という人物に殺されたことを聞き及んでいたのです。

「16年前、私はおまえを助けたわよね。今度はおまえが私の力になって息子の敵《かたき》をとりなさい。夫、熊谷直実を殺すのです！」

藤の方は、相模に迫ります。

相模にとって藤の方は命の恩人。彼女の計らいがなかったら、今の自分たちはない。

相模はまず、夫が本当に敦盛を殺したのか、それを問いただすことにしました。すると直実は「いかにも敦盛の首を取った、末代までの栄誉となるぞ」と言うではありませんか。襖《ふすま》の陰からその声を聞いていた藤の方は、無謀にも直実に斬りかかります。「年端もいかぬ若武者を、ようむごたらしく首討ったな！」と叫ぶ藤の方。

直実はここに藤の方がいることに驚きながらも、敦盛の態度が最期まで潔く、心残りは母親の行く末だと言い遺したことも伝えます。

「そんなに母を思うなら、なんで父に言われたとおり身を隠さなかったのか……」

藤の方は息子の死を受け入れられず、「四十九日のうちはこの世にとどまり、せめてひと目、会いにきてくれ」とまで願います。

敵前逃亡か、名誉の戦死か

これに対し、相模は「平家の武将は皆逃げてしまわれる中、敦盛さまお一人が踏みとどまって、戦った末に討ち死にしたのはご立派ではないですか。逃げ隠れして人のそしりを受けるほうがいいのですか？　それはひきょうというものですよ」とたしなめます。

ずいぶん残酷なものの言い方に聞こえます。どんな形でもいい、生きていてほしいと思うのが親心。「ひきょう者になるより英雄になって死んだほうがいいでしょ」なんて、他人のことだから言えますよね。武家の女性は強いっていうことかしら?

いえいえ、江戸時代でもなく、ましてや『平家物語』の世でもなく、20世紀になってからでも同じようなことがありました。日本がアメリカに宣戦布告して始まった太平洋戦争(1941年~1945年)では息子が出征するとき、多くの親が「命を賭してお国のために働いていらっしゃい」と言って送り出したと聞きます。近所の人々もそろって万歳をしました。「名誉の戦死」も悲しむべきものではないとされ、遺された妻や母は、「英霊の妻」「英霊の母」として胸を張らねばなりませんでした。

でもこれは「建て前」。最愛の人が死ねば悲しいし、出征の前の晩は、そっと手を握って「死なないで」「帰ってきて」とささやいていたかもしれません。これこそ「本音」です。けれども戦争がいやだとかこのままでは負けるとか、「本当の気持ち」を言う者は「ひきょう」であり、「非国民」として糾弾されたのです。つらい時代でしたね。

こんなことは繰り返すまい。そう誓って私たちは戦後の民主的な日本をつくってきたはずです。

それからさらに70年以上が経ちました。21世紀の今、私たちは本音で生きられているでしょうか。個人個人に思想・信条・表現の自由が保障された民主社会にあっても、一人だけ周囲の思惑と違う発言をすると「KY」「空気を読め」などとひんしゅくを買う世の中はまだ続いています。何が正しいとか正しくないかではなく、誰もが思ったことを思ったままに言える「自由」こそが、幸せの源だと感じます。

相模と藤の方。本音で発言しているのは藤の方です。平経盛に降嫁させられたとはいえ、法皇の想い者であったことは周知の事実。その後も格別な待遇の中、誇り高く生きてこられたのかもしれません。

では直実はどうでしょう。自分らしく生きる「自由」はあったのでしょうか。

熊谷直実の壮絶転職人生

史実の直実は永治元年（1141年）に平氏の流れをくむ血筋に生まれますが、両親とは幼くして死に別れ、母方の伯父・久下直光に養われ成長します。直光は源氏の出。以来、直実は源氏方にくみし、15歳の保元の乱では源義朝（頼朝・義経の父）、18歳の平治の乱では源義平の指揮下で働きました。

転機はその直後に訪れます。直光の代理として京にのぼったことを機に、直実は清盛の息子である平知盛（当時9歳）に仕えることを決めます。

なぜ平家側に移ったのでしょう。

平治の乱を経て、世の中は平家の天下になりました。「元を正せば僕は平家の血筋なんだから、平家の一員として社会の表舞台に躍り出たい」とでも思ったのでしょうか。坂東武者のたけだけしさの中で育った直実が都の文化のみやびさに魂奪われ、ここで働きたい、と思ったとも考えられます。あるいは、血がつながってはいても親戚の家で遠慮がちに生きることが疎ましく、新天地で自分を試したかったのかもしれません。

直実は蜂起した頼朝が石橋山の戦いで惨敗した治承4年（1180年）ごろまで、ずっと平家に仕えます。しかし頼朝がその後態勢を整え、再び挙兵すると頼朝の御家人となり、今度は源氏方となります。翌年、平清盛は死去。源氏方から平家方に移ったときと同じように、くら替えは平家から源氏へと潮目が変わったころと重なります。勢いのある会社に憧れて入社したものの、社長（清盛）のワンマンぶりや老害は激しく、社員は大企業のぬるま湯に浸かって覇気もない、そこに頼みの跡継ぎ（重盛）が病死！　男40歳働き盛り、泥船に乗ってみすみす職を失うくらいなら、多少義理を欠いても自分が最も活躍できる場を求め、転職したくなる気持ちはわかるような気がします。

しかしホンダからトヨタ、やっぱりホンダ、アップルからマイクロソフト、もう一度アップル、みたいな同業二大巨頭間の転職ですから、「なんて節操のない……」と思う人も少なくなかったでしょう。

実際、直実は周囲から忠誠心を試されていました。なんとかして敦盛を逃がそうとしたときも、背後から味方である源氏の軍勢が迫ってきます。

ヤァ〱熊谷、平家の大将を組み敷きながら助くるは、ふた心に極わまったり。

〝二心《ふたごころ》〟つまりスパイだと思われる要素があったということですね。源氏にも平氏にも仕えたことがある直実が味方の信用を勝ち得るには、愚直に武勲を重ねるのみ。壮絶転職人生の中、口下手な男は命を削り、常にギリギリの緊張の中を生き抜いていたのでしょう。

太平洋戦争のとき、アメリカの日系人は「スパイの可能性がある」と強制収容所に入れられました。日系2世の若者たちは、自分がアメリカに忠誠を誓っていることを示すため進んで軍隊に志願しました。彼らは誰よりも勇敢に戦ったといいます。そうしなければ、「二心あり」と思われてしまうからなのです。

運命の首実検で立場は逆転

やがて義経の目前での首実検【注12】が始まりました。

ここで直実は義経に、「どうです、この首でよろしいですか？　あなたの気持ちを察して討った首です。間違ってますか？」と挑むようにただします。

その首を見た相模は仰天します。

「その首は！」

——小次郎の首。直実は敦盛を逃がし、身代わりに自分の息子・小次郎の首を討っていたのでした。

「え〜っ!?」

……ですよね。相模じゃなくても驚きます。あり得ない！

でもこれは直実の一存ではなく、義経が暗に命じたことだったのです。序段、義経は「一枝を伐《き》らば一指を剪《き》るべし」と書いた一本の制札（御触書）を直実に渡し、「熊谷、よっく承れ。汝へ頼む一儀あり」と前置いたうえで、次のことを申し渡します。

・経盛、敦盛親子がいる須磨に行け。
・そこにある桜の若木はほかにはない大切な桜だから、もし一枝でも伐る輩《やから》がいたら、その者の指を一本剪り落とせ。

直実は大将義経の「底の底意を堀川や、深き恵みを汲み分けて」つまり、かけがえのない桜の若木にかこつけて、「敦盛」という天皇の息子「一子」を「斬らず」にほかの「一子」を「斬れ」という義経の真意を底の底まで掘り下げて〝忖度《そんたく》〟し、実行しなければならない立場に追い込まれたのです。

義経は最後に「この制札の心を諭し、若木の桜を守護する者は、熊谷ならで他になし。この儀、きっと心得よ」と念を押します。「おまえのほかに頼める男はいない、わかったな」と。そして小次郎も父のつらい立場を知り、身代わりとなる自らの使命を受け入れ、敦盛として父に首を討たれたのでした。

前述のとおり、義経は「敦盛を助けろ」とはひとことも言っていません。「身代わりに小次郎を殺せ」とも言っていません。すべては直実の〝忖度〟。もし「これは敦盛ではない」などと言われたら、小次郎は犬死に？　そのうえ敦盛を逃がした責任もすべて直実の一存ということになってしまいます。

花によそえし制札の面《おもて》、察し申して討ったるこの首、
ご賢慮に叶いしか、但し直実誤りしか、ご批判いかに。

小次郎の首を義経に突きつける直実。義経はそれが敦盛でないとわかりながら「よ

くぞ討ったり。敦盛の首に相違ない」とうそをつき、「ゆかりの人もいるだろう。名残を惜しむがよい」と直実に促すのでした。

武士にとって、主君の代わりに死ぬことは最も栄誉な死なのだといいます。小次郎の死が無駄にならなかったことで、直実は心底ほっとしたことでしょう。とはいえ、臣下となり命をかけて人に仕えるということはどういうことか。残酷なまでに究極の形がここにあります。

直実は「敦盛卿の御首、藤の方にお目にかけよ」と言って、愛息・小次郎の首を妻・相模に渡します。「敦盛の首を藤の方に渡せ」と命じられたため、相模は我が子の死をあからさまに嘆くことができません。また、先ほど藤の方に「討ち死にのほうがお手柄。逃げ隠れするのはひきょう」と言った自分の言葉にもからめ捕られてしまいます。

アイとばかりに女房は、敢えなき首を手に取り上げ、見るも涙に塞がりて、
変わる我が子の死顔に、胸はせき上げ身も震われ、
持ったる首の揺るぐのを、うなずくようにも思われて
門出の時に振り返り、にっと笑うた面差しのあると思えば、可愛さ、不憫さ。

……いとおしげに首を抱きかかえ、涙する相模の心中は測り知れません。

「せめて最後は潔く死になされたのか？」と夫・直実に聞いたところで、夫は立場上何も言えず、涙も見せずまばたきさえしない。直実にとって、相模や藤の方が陣屋に来たことは想定外だったことでしょう。特に相模にはいてほしくなかったはず。我が子を失った相模の悲嘆。密命とはいえ我が子を殺した自分を見とがめる妻の目は、杭のように胸に突き刺さったはずです。

今度は藤の方が「相模、さぞ悲しいことでしょう」と慰める側に。でも人の悲しみより自分のうれしさが勝り、ほころぶ笑顔が隠せません。「(直実は)我が子敦盛の命の恩人です」と手を合わせます。この後、藤の方は鎧櫃《よろいびつ》の中にかくまわれた敦盛とも再会できるのです。

出家する夫と後に残る妻

首実検を終えると直実は出家を願い出、戦半ばであるにもかかわらず武士をやめてしまいます。

史実でも直実は出家しているようです。なぜ出家をしたのか。「熊谷陣屋」の作者・並木宗輔は、そこに着目したのかもしれません。冒頭で紹介した『平家物語』の一節、「あはれ弓矢とる身程口惜しかりける事はなし。武藝の家に生まれずば、何とてか唯今かかる憂き目をばみるべき。情なうも討ち奉るものかな」という直実の苦悩の大きさを見て、武人が単に「若武者の命を奪った」だけで出家するものだろうか、もっと深い事情があったのではないか、ひょっとすると「我が子を殺した」のではないか？と想像の翼を広げていったように私は思います。

平和な時代に生まれ育った私たちには想像もつかない話ですが、太平洋戦争では隠れている防空壕や茂みの中で赤ん坊が泣くと「隠れていることが敵にわかってしまう。殺せ」と命じられ、実の母親がまだ乳飲み子の我が子を殺させられたといいます。子どもを殺した途端、発狂したり自殺した女性を目撃した人もいます。

同じく病人やけが人となって撤退するのに足手まといの親兄弟に薬を渡され、飲ませたら死んでしまった、あれは毒だったと気づいてしばらく記憶がなくなったという回顧録もあります。

戦争とは狂気。そこまで人間を追い詰めるのは、同じ人間なのです。

歌舞伎の最終場面、直実は剃髪《ていはつ》・墨染め姿の僧形《そうぎょう》となり、「花を惜しめど花よりも、惜しむ子を捨て、武士を捨て、住み所さえ定めなき、有為転変の世の中じゃなあ」という見送りの声を聞きながら、旅に出ます。ときおり鳴る戦場の銅鑼《どら》の音に、無意識にもハッと身構え、もはや武士ではないのだと我に返ったりもし、「今はもう何も思うことはない。弥陀の国に行く（出家した）のだから。16年はひと昔、夢だ、ああ夢だ」と涙に暮れます。

「16年」は子どもの一生。小次郎という我が子の一生です。直実には直実なりの葛藤があったでしょう。出家とは世を捨てること。死ぬことと同じです。武士として生きることのむなしさを知り、生きる意味を失った、ということでしょうか。これからは息子の菩提《ぼだい》を弔う、つまり一生謝り続ける、ということかもしれません。

太平洋戦争の間、教え子に「お国のために身をささげよ」と教えた教師たちの中には、戦後、教職を捨てた人たちがたくさんいました。小さき者を教え育てるのが使命であり喜びであったのに、それらの命を奪ってしまった責任が自分にはある。自らが加害者となったことの重さが、天職とさえ思っていた教師としての生き方を全否定させたのでしょう。まさに、直実の心境です。

「戦後間もない昭和20年代、客席は戦争でご主人やご子息を亡くされた方々で埋まっていました。身替りの場面になると、ハンカチで目を拭っていた。身替り劇にご家族を重ねていたんです。それが分かったとき、子供心にもハッとしました」とは、平成29年（2017年）4月の歌舞伎座で「熊谷陣屋」の直実を演じた九代目松本幸四郎の言【注13】。

宝暦元年（1751年）に初演されたこの作品は、何百年経っても人の心の真実を語り継いでいるのです。

法然上人に教えを乞いに行くという夫の後ろ姿を、相模は言葉もなく見送ります。相模にとっても16年はひと昔。何のために命がけで恋をして、一生懸命に小次郎を育てたのか。最愛の子どもを夫に殺され、その夫は「夢じゃ夢じゃ」と言いながら、妻である自分のこともほったらかしで、いわばお遍路さん。

こなた一人の子かいなう。逢はうくと楽しんで百里二百里来たものを……

文楽の床本に残る相模の心の叫びです。家から遠く離れた須磨の地に一人置き去りの相模。傍らには藤の方がいます。我が子・小次郎の命と引き換えに救われた彼女の息子・敦盛は鎧櫃の中に。なんという運命の落差！

——私の小次郎……。命がけの恋だった。小次郎はその愛の結晶だった。あなたは違ったの？　小次郎は死んで、あなたは一人で出家してしまう。じゃあ、私はこれからどうしたらいいの？　私はあなたにとって、いったい何だったの？

相模のきつく結んだ一文字の口は、決して夫を許してはいないことを感じさせます。家族とは何でしょう。夫婦とは何でしょう。この家族の物語は、今の私たちにとっても決して絵空ごとではありません。

【注11】『ＭＯＴＨＥＲ　特攻の母　鳥濱トメ物語』（脚本・演出＝藤森一朗）の舞台で、特攻隊の隊長が部下に「戦争とは何か」を語るせりふ。

【注12】本当に当人を討ち取ったか、当人を知っている者が首（顔）を見て検分すること。

【注13】産経ニュース（２０１７年４月２日）より。http://www.sankei.com/entertainments/news/170402/ent1704020005-n1.html

第七話　彦山権現誓助剱《ひこさんごんげんちかいのすけだち》「毛谷村《けやむら》」

オスカルになれなかった女

～お園

家を守るため、女の子が男の子として育てられる話といえば、池田理代子作『ベルサイユのばら』、あるいは手塚治虫作『リボンの騎士』が思い出されます。

この『彦山権現誓助剱』のお園《その》もまた、吉岡一味斎《いちみさい》という剣豪を父に持ち、武道のセンス抜群であったため「おまえが男だったら……」と言われて育ちます。

が、お園はオスカルにはなれなかった。サファイアにもなれなかった。彼女は正式な跡継ぎではなく、当時の女性の常として、お婿《むこ》さんをとって家をつなぐ人生を与えられたのです。

『彦山権現誓助剱』は豊臣秀吉の朝鮮出兵の時代を舞台に、九州は豊前の国（大分県）・

毛谷村に住んでいた六助という男の敵討《かたき》ちをモデルに描いた長編です。天明6年（1786年）、梅野下風と近松保蔵によって書かれた全十一段。けれども現在上演されるのは、そのうちの「毛谷村の段」（九段目）ばかりです。全体を通して上演されたのは、なんと戦後70年の間にたった2回しかありません【注14】。

ですから、私が最初に観た『彦山権現誓助剱』も「毛谷村」だけのものでした。

「女房じゃ、女房じゃ！」の衝撃

「毛谷村の段」は、田舎家に旅の老婆が一夜の宿を頼むところから始まります。家の主は六助。気は優しくて力持ちの大男で剣の達人でもありますが、出世欲がありません。領主の前で行う試合でも、相手から「余命いくばくもない母を喜ばせたい、わざと負けてくれ」と頼まれれば、亡くしたばかりの自分の母の姿を重ねて涙し、「いいよ」と引き受けてしまうほどのお人よしです。旅の老婆に対しても、冥途の母への功徳になる、と家に上げ、休ませてあげます。

さて、ここから話はシュールすぎる展開に！

・老婆は六助を気に入り、突如「息子にしたい」と言い出す。
・次に虚無僧が中の様子をうかがい、いきなり六助に飛びかかる。
・虚無僧、強い。でも六助も強い。勝負は互角。
・虚無僧が女だということを、六助は見破る。
・六助の家にいる男の子が「おばさま！」と呼んだことから、虚無僧は男の子の伯母のお園と知れる。
・お園は男の名が六助だとわかると、「女房じゃ、わしがそなたの女房じゃ！」と叫ぶ。
・六助、初対面の女性から「母になる」宣言と「妻になる」宣言を次々に受け、大混乱。
・お園、いきなり台所に立ってご飯の支度。
・老婆、奥の部屋から出てくる。なんと、彼女はお園の母・お幸だった。

かつてお園の父・吉岡一味斎がこの地を訪れた際、六助にほれ込んで娘のお園の許婿《いいなずけ》にと決めていたのでした。長門藩（山口県）の剣術指南役であり真っすぐな人柄の一味斎を尊敬し、約束を交わした六助は、その横死を激しく悼み、お園たちが立派に本懐を遂げられるよう助太刀すると約束。ここで幕となります。

……何、このご都合主義？

一応説明はありますが、消化不良感がハンパない！

敵討ちで家族がそれぞれに諸国遍歴していたら、大分の田舎家でばったり顔を合わせました？　そこは、今まで一度も会ったことないけど許婿の家でした？

どうしていきなり押しかけ女房？　そもそも許婿、なぜそこに？

初めてこの「毛谷村」を観終わったとき、私はたくさんの「？」を抱えて混乱するだけでなく、心の底からガッカリしました。虚無僧姿のお園は女剣士で本当にカッコいいのです。それなのに、許婿が現れたら、なよなよとして愛想笑いをし、嬉々《きき》として「女房じゃ！」と浮かれ騒ぐなんて。なぜすぐにご飯の支度をしようとするのか。夫となる男の前に出たら、どうしてこんな骨抜きになってしまうのか。

女はこんな愚かじゃない。少なくとも、この女性はそんな人じゃない。お園に、というより、そんなふうにお園を描いた人間に、腹が立って仕方がありませんでした。

そこだけでは謎すぎる「毛谷村の段」

以前にも触れましたが、歌舞伎の上演形態には「通し」と「見取り」があります。「通し」とは文字どおり、長編作品を最初から順番に「通して」上演するもの、「見取り」とは、名場面のみを演じるものです。

たとえば『シンデレラ』を「見取り」で上演したとします。舞踏会にシンデレラが登場する場面から始まり、12時の鐘が鳴ってシンデレラは馬車に乗って退場。王子がガラスの靴の片方を拾ってたたずむところで幕、としましょう。皆さんは『シンデレラ』の話をよくご存じなので、たとえ魔法使いが出てこなくても12時の鐘が鳴ると帰らねばならないとわかりますし、シンデレラを乗せた馬車がカボチャ、馬がネズミになっても、「なぜ?」とは思いませんよね。

でも『彦山権現誓助剱』は、『シンデレラ』のようにはいきません。昔ならいざ知らず、今は歌舞伎ファンでもその全貌を知らない人のほうが多い。前述のように、「毛谷村」だけでは理解不能なことだらけです。

なぜ、そこに子ども？　なぜ、そこに虚無僧？

こうした謎は、「毛谷村」の直前の段「杉坂墓所」を観ればかなり解決するので、通しまでいかなくても「毛谷村」に「杉坂墓所」をつけて上演する形が増えています。

しかし、それでも最大の疑問は解消しません。

どうして女剣士・お園は、いきなりいそいそと食事の支度を始めるのでしょう？

「六助はまだか？」の通し公演

ここで、『彦山権現誓助劔』全十一段の全容を紹介しましょう。「助劔《すけだち》」でわかるように、敵討ちの話です。

お園の父・吉岡一味斎は長門藩の剣術指南役を務めていましたが、京極内匠《きょうごくたくみ》のだまし討ちにあい殺されてしまいます。微塵弾正《みじんだんじょう》と名を変え逃げる悪者・内匠を追って、お園と妹のお菊は故郷を振り出しに、関西、そして九州・大分へと敵討ちの旅に出ます。その道中、お菊は内匠の返り討ちにあい、家来の佐五平はお菊の息子・弥三松《やさまつ》を連れて逃げます。しかし九州の「杉坂墓所」で山賊に襲われ、佐五平はたまたま居合わせた六助に弥三松を託し、息を引き取るのでした。
この六助がお園と出会う場面が「毛谷村の段」です。初め、お園は六助が佐五平を殺して弥三松を拉致したと勘違いしますが、やがて六助こそ父・一味斎が見込んだ自分の許婚とわかり誤解は解消。六助はお園の敵討ちに加勢し、「彦山権現」の境内で見事本懐を遂げるところで終わります。

私は平成23年（2011年）、実際に大阪松竹座で通し公演を観ました。なぜ六助の家に弥三松がいたのか、なぜお園は六助の家に斬り込んできたのか、通しで観ると、よくわかります。同時に、なぜ通し公演がここまで少ないのか、その理由もまた腑に落ちたのです。

六助が、待てども待てども、出てこない！
山口から須磨（あるいは京都）、そして大分へと諸国を遍歴して敵《かたき》を探す物語の性質上、大分の毛谷村にいる六助は全十一段あるうちの八段目「杉坂墓所」まで登場できません。理屈としては当然ですが、3時間の舞台のうち2時間が過ぎても主人公が出てこないなんて……。

この公演で主人公の六助を演じたのは、座頭《ざがしら》の片岡仁左衛門でした。当然、客席には仁左衛門ファンが多い。しかし肝心の仁左衛門がなかなか出てきません。大きな休憩も2回目が過ぎ、幕が開いた舞台上に仁左衛門扮する六助が出てきたときの歓喜といったら！　文字どおりの「待ってました！」で割れんばかりの拍手は鳴りやまず、舞台進行が止まるほどでした。一気に劇場が活気づいたあの空気は、今でも忘れられません。

歌舞伎は役者を観る演劇です。『忠臣蔵』でも『四谷怪談』でも、同じ話なのに誰が演じるかで異なる味わいになりますし、ひいきの役者が出る公演しか行かないという観客も少なくありません。私は納得しました。「主人公が出てこないまま話の3分の2以上を見せられるのは、あまりにつらい。これでは〝見取り〟でしか上演しないのも仕方ないな」と。

一方で、違う疑問がわいてきました。終盤しか登場しない六助を「主人公」と呼んでいいものなのか？　そもそも、これは敵討ちの話で、「助太刀」するのは六助だけれど、「敵討ち」する本体はお園。

つまり、本当の主人公はお園なのではないでしょうか？

真のヒロイン・お園が背負った人生

『彦山権現誓助剱』を通しで観たとき、私は「女房じゃ！」に込められたお園の思いの深さ、そこに至るまでの人生の険しさに触れて、胸が熱くなりました。

だってお園は「毛谷村」に来るまでに父を殺され、妹夫婦を殺され、長年の奉公で家族同然の佐五平を殺され、「あとは私しかいない！」と切羽詰まった状態で敵を追い、妹の忘れ形見を捜していたのです。昔は、あんなに幸せだったのに……。

お園の父・一味斎には、三人の子どもがいます。長女がお園、次女がお菊、そして第三子にして長男の三之丞。しかし、三之丞は盲目で跡を継ぐのが難しい。次女のお菊はすでに弥三郎と夫婦になって弥三松という子までなしているのに、決まりごとにうるさい一味斎は「できちゃった婚」に腹を立て、お菊の結婚を正式に認めようとしません。お菊は弥三松とも弥三郎とも離され、父と同居。吉岡の家の男は一味斎と病弱の三之丞のみです。

そんな中、お園は剣術指南役の父親から剣を学び、高い技量を持っていました。身の丈は六尺の「女武道」。六尺つまり180センチは、日本女性の身長としては21世紀の今でもかなり高い。江戸時代ならそうとう目立ったことでしょう。盲目の弟に代わり、老いた母を助け、妹や甥の面倒を見るお園は、自分こそお父さんの真の跡継ぎという自負があったはずです。

「私がしっかりしなくちゃ。この家を守れるのは私だけ」

——お園はずっと家を背負って生きてきました。

妹は心の赴くままに恋をして子どもを産み、お父さんの不興を買ったとはいえ、「女の幸せ」はつかんだ。でも私は周りの人に迷惑をかけてまで、自分の幸せを求めることはできない。弟をどうするか考えなくちゃいけないし……みたいな、典型的な長女キャラですね。

そんなお園を、お父さんもかわいがったことでしょう。唯一の息子・三之丞は盲目で病弱。一味斎はお園が武道に励む姿を見ながら、「おまえが男であったなら、いい跡継ぎになったものを……」と何度も思ったに違いありません。

その思いをいちばん知っていたのもまた、お園です。つまり、お父さん大好き。お父さんみたいになりたい。けっこうファザコン娘だったと推測します。剣の道も、きっと父親に認められたくて褒められたくて、一生懸命稽古したのではないでしょうか。

そこへ一味斎横死の知らせが。お園はとんでもない行動に出ます。

「妻」になるより自分らしい道を探る

お園は女だてらに酒を飲み、したたかに酔って痴《し》れ者となって、甥にあたるお菊の息子・弥三松を跡継ぎにするよう母に申し入れます。一味斎の敵討ちをするためにはなんとしても男の跡継ぎが必要。なまじ長女の自分がしっかりしているのが邪魔になる、と身を引く覚悟のいじらしい策略でした。

ところが母のお幸は「実はおまえは先妻の子」と打ち明けて、お園こそ正しい跡継ぎなのだから、父の一味斎が決めたとおり許婿の六助を婿にとり、吉岡の家を盛り立てるようにと懇願するのでした。

でも「跡を継げ」と言われても、実際には「六助」という男がすべてのカギを握っている。それも一味斎以外誰も会ったことがない、遠く九州・大分にいる人を婿に迎えなければならないのです。いったいどんな人物なのか。ちゃんとこの家を守ってくれるのか。ふびんな弟のことを愛してくれるのか？　妹の結婚を、弥三松のことを、許してくれるのか。私たちと同じくらいの情熱をもって、父の敵討ちに参加してくれるのか……。

「もし、吉岡の家にふさわしくない男だったら……」

未知数の許婿より妹の息子に跡を継がせ、妹夫婦とともに甥を盛り立てるほうがずっと安心できただろうし、自分も人の奥さんに収まるよりずっと活躍の場がある、と思ったとしても不思議ではありません。そうでなければ「したたか酔って勘当されよう」などとはしないはずです。

だから私はなおさら腑に落ちない。そこまで頭の回る女性が、いきなり「女房じゃ！」とか言って、はしゃぎますかね？

闘い続ける女性が巡り合った理想の男性

「毛谷村」で遭遇した六助が許婿とわかった途端、お園は「今日からわしが女房

『彦山権現誓助剱』人物相関図

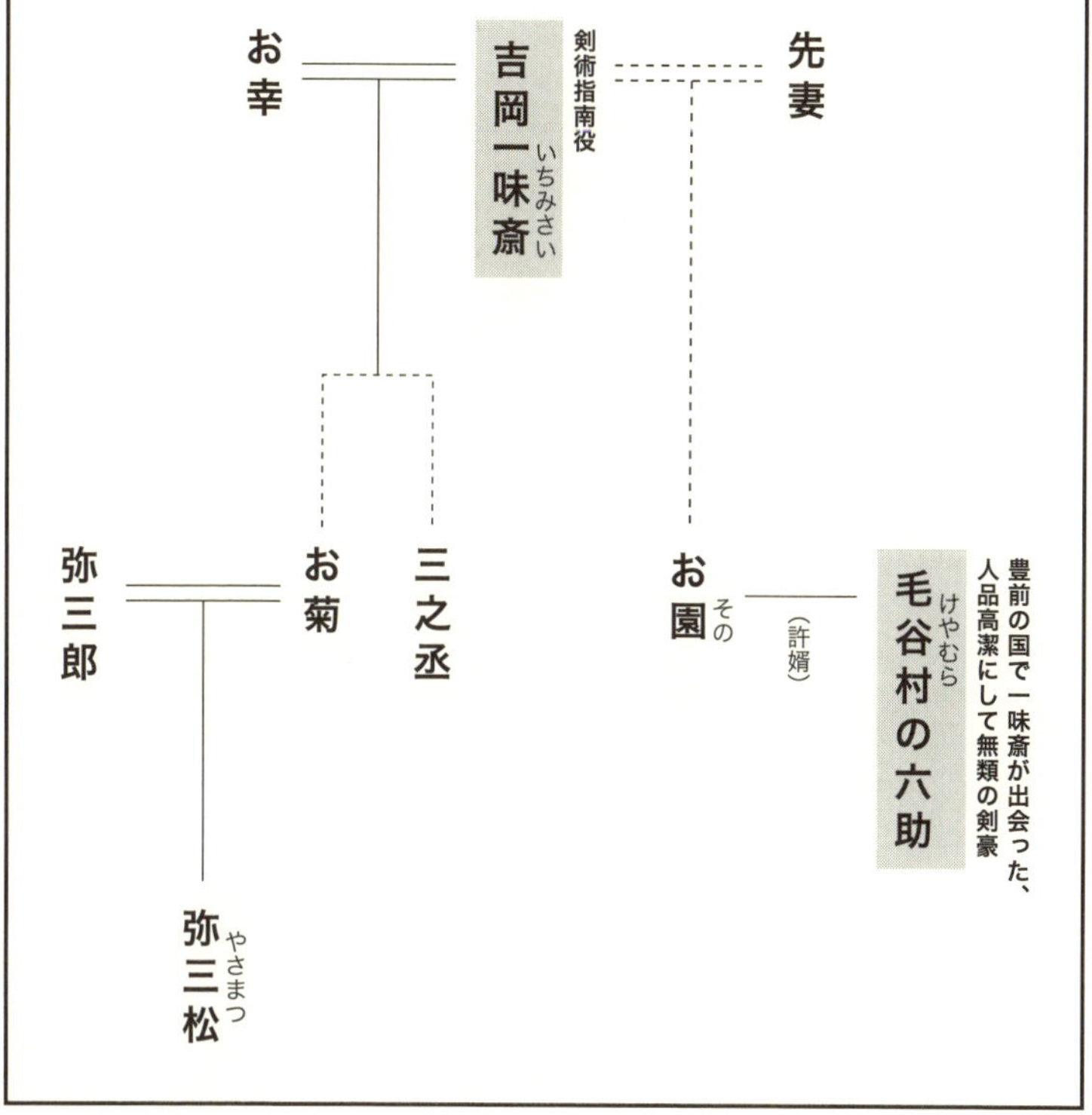

じゃ！」とはしゃぎながら、突然かいがいしく姉《あね》さんかぶり！ でも炊事などしたことがなく、釜を空焚きにしてしまう……。はしゃぎまくるお園、イタすぎる！ どうしてお園は、これほどの「滑稽」とも「哀れ」とも感じられる行動に出たのでしょう。

当初許婿とも知らずに虚無僧姿で六助と対決したとき、お園はまず「むむ、こやつデキる！」と感じたことでしょう。久々に出会った、自分に勝るとも劣らぬ剣の使い手。そして事情が明らかになればなるほど、心根のいい男！ 他人なのに、路頭に迷う幼い弥三松を我が家で預かる優しさ、人を信じる心、よこしまを許さない正義感。(やっぱりお父さんは私のことをわかってくれていた。家を守ることだけでなく、私にぴったりの人を見つけてくれていた。吉岡の家は、私と彼と二人で一緒に盛り立てていきます。ありがとう、お父さん。私、剣士としても女としても幸せになるわ！)

六助が自分の父親を師と仰ぎ、自分と同じくらい愛してくれていることは、ファザコンお園にとって最も大切なことだったのかもしれません。義理ではなく、父の一味斎を殺した男を心から憎んで敵討ちに協力してくれる人。これからずっと大好きな父

の思い出話をし、父の剣さばきを二人でたどれる幸せ。この「価値観の一致」によって、六助はお園にとって最高のパートナーとなり得たのです。

ありのままの自分を愛してくれる人がいる

『彦山権現誓助剱』は今から230年も前に書かれた作品ですが、お園は現代の女性に通じる資質と悩みをたくさん抱えていたように思います。身長180センチで男勝りの剣術家。強いし、頭は切れるし、思いやりもあり心も広い。一家をまとめる才覚がある。自分に自信がありリーダーシップもあり、男に頼って生きるタイプではありません。

世間的には体格的にも年齢的にもかなり「嫁《ゆ》き遅れ」感があり、周りはいろいろ言ったかもしれません。でも「世間体」なんてなんのその！　ピンと背筋を伸ばして意に介さず、という女性だったと思います。

そんなお園が生まれて初めて「この人になら頼れる」という人を見つけた！　それが六助だったのです。肩肘張って、男にも負けず、誰よりも正しく生きなければという重荷をおろすことができた、人生で最高の瞬間！「女房じゃ、女房じゃ！」は、六助が許婿だからではなく、お園が自分らしく生きられる理想の伴侶を得た、歓喜の歌なのだと私は思います。

「自分より優秀な男なんてどこにもいない。ヘタな男に邪魔されるくらいなら、結婚なんてしなくていい。私は私で生きていく！」

そんなふうに思っていませんか？

一人で家族の問題を背負い込んでいませんか？

自分の幸せを後回しにしていませんか？

心の鎧《よろい》を外し、「あなたこそ私の夫！　私があなたの奥さんよ！」と叫べる人に会えることを、心から願っています。……ただし、デキる女ほどダメンズの面倒を見たくなる傾向があるようなので、そこのところは十分気をつけてくださいね！

【注14】昭和42年（1967年）国立劇場と平成23年（2011年）大阪松竹座。

男をのみ込んでいく魔性の女

お国《くに》と五平《ごへい》

薄《すすき》が生い茂る秋の那須野が原。じき日も暮れるというのに、お国は歩き続けることができない。夫の敵討《かたき》ちに故郷を発って3年。宇都宮の宿で病にかかり、長いこと伏せっていた身である。

ようやく出発したが、歩き慣れるまでには時間がかかる。足にできたまめを、連れの若党・五平に手当てしてもらいながら休んでいると、風に乗って尺八の音が漂ってきた。その音色に、お国は聞き覚えがあった。

病気の間、宿の外から常に聞こえてきた尺八。毎日宿の前に立つ虚無僧姿の男は、ひょっとして、夫を殺した敵・池田友之丞ではないのか……?

友之丞は家老の息子で、お国の元許婚《いいなずけ》であった。剣術が下手で藩でも有名な臆病者。そんな友之丞に愛想を尽かし、伊織のもとへ嫁いだお国だったが、それを恨んだ友之丞は伊織を闇討ちで殺害、姿をくらましたのだ。

わき起こる不気味さをぬぐえずにいるお国の前に、当の虚無僧が現れる。やはり、友之丞だった。お国への未練を断ち切れぬ友之丞は、なんと二人が自分を追って国を出たときから、ずっと後をつけていたという。そのうえ、前の宿場ではお国たちの隣に部屋をとり、息をひそめて様子をうかがっていたというではないか。そして、すでに二人が主従の間柄をこえ、男女の仲であることを突き止めていたのだ。

秘密を知られ斬りかかろうとする五平に向かい、友之丞は「お国は自分とも関係があった」と暴露する。そして不敵な笑みを浮かべるのだった。

◇

谷崎潤一郎が大正11年（1922年）に発表した『お国と五平』は、戦後の昭和24年（1949年）、初めて歌舞伎で上演されました。友之丞は、いわゆる「女の腐ったような男」の典型であり、当時この人物に共感する読者・観客は少なく、現実味も薄かったと想像します。

けれど〝ストーカー〟が起こす事件が頻発する現在、友之丞が行うヒルのように粘っこいまとわりつきは、自分のすぐ隣の人間にもあてはまるかのごとき現実味を帯びてのしかかってきます。

私が胸をつかれるのは、お国という一見貞淑な未亡人の、本能のままに豹変する姿、したたかすぎる生き方です。

最初は「家老の息子」というステータスで友之丞との婚約を喜んでいたけれど、藩内の評判の悪さに嫌気が差し、剣の腕が立つさわやかな青年・伊織に嫁ぎます。では伊織に心底ほれていたかといえば、それも疑問。敵討ちの旅に出るあっぱれな未亡人に見えても、心も体も常に「男」を欲している……。

お国と五平は友之丞を斬り殺し、敵討ちを果たします。敵討ちという共通の目的を失った二人は、これからどうなるのでしょう。

五平はお国にとって最後の男になり得るか？　男をのみ込んでいく女の魔性に戦慄する作品です。

第八話　信州川中島合戦《しんしゅうかわなかじまかっせん》「輝虎配膳《てるとらはいぜん》」

戦国時代を生き抜くスマートウーマンたち

～越路・唐衣・お勝

『信州川中島合戦』は近松門左衛門が書いた時代浄瑠璃で、享保６年（１７２１年）に大坂竹本座で初演されました。題材となった川中島合戦は史実です（天文22年～永禄７年／１５５３年～64年）。越後の上杉軍と甲斐の武田軍が北信濃の覇権を争い、11年間で５回もぶつかりました。第四次合戦（永禄４年／１５６１年）のとき、犀川と千曲川の合流する三角州である川中島が激戦地となったため、この名がついたとされます。

「輝虎配膳」は全五段中の三段目。敵国の武将・直江兼続《かねつぐ》に嫁いだ娘・唐衣《からぎぬ》に「会いたい」と呼び出された老母・越路《こしじ》は、息子の嫁であるお勝《かつ》を伴って敵地へと向かいます。しかし、なぜ娘は自分を呼び出したのか。これは罠《わな》なのか？　このまま敵地に留め置かれるのでは？　という疑惑が越路の脳裏をよぎります（私まで人質になってはならない。でも娘の顔をつぶしたら、彼女の居場所がなくなる！）。
越路はこの局面をどう切り抜けるのでしょうか？

近松版「女たちの川中島合戦」

作品中、事実と同じところは、第四次合戦が激戦の末に和睦で終わったこと、武田側の軍師・山本勘助（作品では勘介）が第四次合戦で戦死していること、そして合戦のさなか、海のない甲斐の国が北信濃の村上軍に塩止めされていたところ、上杉謙信（このころの名は長尾輝虎）が敵である武田に塩を送ったという有名なエピソードです。

また、登場人物のうち、越後・上杉方の長尾輝虎（景虎→政虎→輝虎→謙信）、直江兼続、北信濃の領主・村上義清、甲斐・武田方の武田信玄（晴信→信玄）、信玄の息子・武田勝頼、軍師・山本勘助は実在の人物です。

これに対し、衛門《えもん》姫（輝虎の娘）、越路（勘介の母）、お勝（勘介の妻）、唐衣（勘介の娘、直江兼続の妻）と、主立った女性は皆フィクション！　史実は変えられないけれど、史実に描かれていない部分を想像で膨らませるというエンターテインメントの極意は、現代のＮＨＫ大河ドラマなどに通じるものがありますね。

女性たちが活躍する「輝虎配膳」は、橋田壽賀子作『女たちの忠臣蔵』『おんな太閤記』ならぬ、近松門左衛門が書いた「女たちの川中島合戦」なのかもしれません。

将を射んと欲すれば先ず馬を射よ

現在は、「輝虎配膳」以外はほとんど上演されません。この「輝虎配膳」、封建時代の政情にあっても、故国のため家族のため、政治を動かすだけの度胸と知性があった女性たちが登場します。それに比べると、男性たちはかなり滑稽に描かれています。

武田方の名軍師・山本勘介をなんとかして家臣にしたい、いわばライバル会社の敏腕マネジャーを引き抜くヘッドハンティングに意欲的なのが、上杉方のワンマン社長・輝虎。まずは外堀から攻めようと、勘介の老いた母親・越路を招きます。これを考えたのは輝虎の片腕である直江兼続。彼の妻は、越路の娘＝山本勘介の妹の唐衣なのです。

輝虎「直江、おまえの女房は勘介の妹じゃないか。やい、そんなに近い親戚なのに、勘介をライバルに取られるとは油断もいいところだ。なんで勘介が俺の部下になるようさっさと動かなかった？　（武田）信玄が千石なら二千石、三千石なら六千石、五千石なら一万石でもかまわない、金ならいくらでもやったのに。おまえ、上杉を見限ったか？」

直江「社長、ギャラさえ弾めば誰でもしっぽを振ってついてくると思ったら大間違いですよ。勘介は、一本気で金になど興味のない男。信玄はそうとうに礼を尽くして部下にしたことでしょう。それに比べ、社長は短慮で高慢。世の中を見下して、人に対してへりくだったり褒めたりすることがお嫌いです。もちろん私にも策はありますが、成功のためには、その短気を鎮めていただく必要があります」

その「策」というのが、「輝虎配膳」。越後の領主・長尾〝輝虎〟が〝配膳〟、お膳を運んでくる、ということです。人間ちやほやされると骨抜きになりやすい。国でいちばん偉い領主が食事の世話をしましょうという破格の「おもてなし」作戦で、上杉方は見事、勘介の母を籠絡し、家族丸ごと勘介を囲い込むことができるでしょうか?

プレゼント攻勢に揺らがない

贈り物攻撃に弱いのが人の常。そこを突いて、娘婿《むこ》である直江兼続は義母・越路に、白く輝く綾織の小袖をプレゼントします。

直江「この小袖は将軍(足利)義輝公がお召しのご紋付《もんつき》で、主人輝虎が拝領し、1、2度袖を通しただけのもの。ここ越後は寒いので、横になられたときにでもお掛けになってくださいい」

——うわー、すごーい。すべすべのふかふか〜。いいんですか? こんなお高いもの！　それに将軍さまからいただいた大切なものなんでしょ？　もらっちゃっていいのかしら〜？　悪いわね〜。ありがとね〜。

……なんて、越路は言いません。敵方から何かをもらってしまったら、息子・勘介に負い目を与えてしまう。武田方からの絶対的な信頼を傷つけかねない！　彼女は慎重に断る理由を探します。

越路「この小袖を着ろっていうのかい？　さすが将軍がお召しになるものだけあって素晴らしい小袖だけど、輝虎さんが何回か着たってことはお古でしょ。あたしゃ、この歳まで人の古着をもらって着たことなんかないよ」

——直江兼続、越路の先制攻撃にちょっとたじろぎます。

直江「いえいえ、お義母さんにそんな失礼なこと言うはずないじゃないですか〜。そうじゃなくて、勘介殿のお土産に、ね。これ、男物ですし(汗)」

越路「越後土産といえば鮭の塩引き、帰り道の木曽川の鮎の白干し、それから信濃の梅干し。そして何よりも、この私が元気に戻ってくることよ。婿殿、悪いけど、これはいりません」

敵国へ老母を送った息子にとって、いちばんの土産は母が無事戻ってくること、つまり、この母は決してあなた方の人質にはならないよ、と越路はしっかり釘を刺しているのです。

ごちそう膳を足で蹴散らす

直江、仕方がないので第二段階に移行。ごちそうを運ばせます。持ってきたのは計画どおり、主人の輝虎。烏帽子姿で正装し、立派な口ひげを蓄えた輝虎は、直江の言いつけを守ってうやうやしく、でも威風堂々とやってきます。

輝虎「都から遠い国なのでごちそうも心ばかりですが、どうぞお召し上がりください」

人に対してへりくだったことのない輝虎にしては、200パーセント自分を押し殺した一世一代のおもてなしです！　ところが……。

越路「何、この仰々しさ！　まるで神様にお供えするみたいで肩が凝る。私はいつも女子衆に給仕させているから、こんないんぎんなことされたら窮屈で食べにくい。あんたはいいから、唐衣、代わって給仕しなさい」

輝虎「お母上、それには及びませんよ。実は僕、長尾輝虎なんですよ〜。息子さんの勘介さんがすごいお人だから、そのお母さんを歓迎して僕が直々にご飯をよそいます！　我が国で最大級のおもてなし。気持ちいいでしょ〜」

僕ですよ、輝虎ですよ、ナガオだよ、と言えば「ハハー！」とありがたがってくれると思っていたのに、越路は全く違う反応をします。

越路「海老《えび》で鯛《たい》を釣るとはよく言ったものだ。越後ではこの老いぼれを餌にして、山本勘介を釣り上げようっていう魂胆ですか。それも、大将自ら？　大将っていうのはね、正直をモットーに自然の規範を踏み外さなければ、天の時・地の利にかない、結果として真の勝利を得るものなんです。こんな姑息《こそく》なことをして、あなたは大将の器じゃない！」

敵国の大将に向かって堂々と帝王学を説く越路。なんてカッコいいんでしょう！

さすが息子を名軍師に育てた母ですね。筋が通っています。けれども、後がいけない。なんとお膳を足で蹴散らしてしまいます。このふるまいは、いくらなんでも無礼すぎませんか？　ここまで横暴だと、輝虎の短気と同レベルになってしまいません？

――この行動には、越路の深慮遠謀がありました。

ついにブチ切れた輝虎！

「お膳に手を触れただけでも、何を言われるかわからない」

李下に冠を正さず、疑われるようなことは絶対しない。越路はそんな気持ちでお膳を足で蹴飛ばしたのでした。息子・勘介の意志を金でねじ曲げられないための、徹底したリスク排除です。しかし、越路の足蹴りに堪忍袋の緒が切れた輝虎は怒り心頭。本性を現します。

輝虎　「この憎らしい死に損ないめ！　着物をやれば古着といい、天皇や将軍にも給仕なんかしたことのない俺さまが持ってきた膳を踏み散らかすとは堪忍なら

ん！　首をはねてやる！」（ほぼ直訳です。念のため）

脇差しに手をかけて老婆に斬りかかろうとする輝虎を、直江がなんとか取り押さえ、一方では直江の妻・唐衣が母の越路に、「お母さん、謝って！　お願いだから謝って」と取りすがりますが、当の二人はヒートアップが止まりません。

越路「なんで謝らなきゃならないの。おわびはしない。けど手向かいもしません。あれはおまえの婿の主人だからね。さあ、殺せ。お殺しなさい」

輝虎「おお、その喉刺してやる！　直江、放せ！」

と、ますます頭に血がのぼる！

直江「社長、あれほど我慢するって誓ったじゃないですか。ここが礼儀のしどころですよ」

——そこへ割って入るは勘介の嫁・お勝。

「こ、こ、こんな老人です。許してくださいませ。も、もしここで姑《しゅうとめ》が死んでしまったら、私は夫に何と申せばよいでしょう。一人ですごすご帰れません。か、か、代わりに私を斬ってください。義母の命はお助けください！」

ハンディを強みに変えた女性・お勝

お勝は吃音《きつおん》で思ったようにしゃべれません。当時、吃音は大きなハンディ。でも、お勝は自分のマイナスをバネに努力しました。まず、筆の名人となったのです。

意思疎通のため、筆談は欠かせぬもの。書くたびに「あの人、しゃべれないのね」ではなく「まあ、なんてきれいな字！」と褒められる。すごいことですね。また、吃音者全般に通じる特徴として、音楽やリズムに乗れば言葉が出やすいことから、お勝は箏《こと》の名手となり、箏を弾きながら話すのでした。

今回、夫に「母を頼む」と言われたことは、お勝にとって非常に自信になりました。歌舞伎では越路の太刀持ちとしてつき従います。これは物見遊山ではない。武田の命運を握り、刀の大小を持って乗り込む越路は、いわば全権大使です。それを支え、守るのがおまえだ、それだけの力がある、と夫が認めてくれた。

「一人ですごすご帰れません」には、責務を全うするために命を張る、お勝の意気地が込められています。

輝虎も、吃音のお勝が喉をかきむしるようにして必死に言葉を発し、弾いていた箏に身を投げ伏して慟哭《どうこく》する様子には一瞬気押され、また哀れにも思い、刀にかけた手が緩みます。すかさず直江は「今のうちに我が家へお連れしろ」と唐衣に命じます。退場する三人の女性たち。見送る二人の男性。とりあえず最初の修羅場は切り抜けました。ここで「輝虎配膳の段」は終わりです。でも何も解決していませんよね。この後、越路とお勝は無事に故国に帰れるのでしょうか？　勘介のヘッドハンティングはどうなる？　それらは、続く「直江館の段」で明らかになります。

偽手紙で呼び出された勘介

何日も直江の屋敷に留め置かれた越路とお勝の前に、山本勘介が現れます。

お勝「あなた、なぜここに？　あなたが来ちゃったら私たちの努力も水の泡だわ。あっ！　私一人じゃやっぱり不安になったのね。ちゃんとお母さまを連れ帰るわよ。見損なわないで！」

勘介「何を言っているんだ！　おまえが手紙をよこしたんじゃないか！　母上が重

病だから迎えに来いというから」
お勝「お母さまは元気だし、そんな手紙書いてない！」
勘介「見ろ、これはおまえの筆跡だよな。誰に頼まれて俺をおびき出した？」
お勝「こ、これは、偽手紙。似ているけれど、私じゃない！　まねて書かれたのよ。いったい誰が？」
勘介「敵の国に乗り込んだら、一分の油断もしちゃならぬと言っただろうが。うかうかと紙に書き散らすから、それを手本にまねられるんだ！　バカ者が！」
お勝「私、油断なんかしてない！　書いた紙も全部ちゃんと……」
そこでお勝はハッと気づきます。唐衣が「お手本にしたいから」と筆談の紙1枚をもらっていったことを。まさか妹が実の兄をだますなんて……。自分にとっても義理の妹、女同士の気安さがあだになるとは、思いもよらないお勝でした。
お勝「……これも私が吃音だから。うまくしゃべれたら、紙に書かなくてもよかった。そうしたら、偽の手紙を書かれなくてすんだのに。死にたい、死にたい……」
——吃音症である我が身を呪うお勝に、夫の勘介が声をかけます。
勘介「どうにもならないことを恨んでどうする？　俺だってイノシシに襲われて体

が不自由になったけれど、それでも魂は前と同じ勘介だ。おまえも吃音のことなんか気にするな。おまえの心根は変わらない。さあ、母上を連れ出してこい。三人でここを逃げ出そう！」

お勝「じゃあ、私は今でも女房って認めてくれるの？」

勘介「ああ、ずっとずっと、俺の女房だ！」

……いい話でしょ？

歌舞伎には、吃音だったり、盲目だったり、あるいは足が不自由だったり、と障害のある人間がよく登場します。彼らはいじめられたり障害ゆえの悲運を味わったりしますが、必ず理解ある人が現れて守ってくれたり、代弁してくれる。作者の平等で優しい心が胸に迫ります。ところで、偽手紙を書いた唐衣は？

実家と婚家に引き裂かれ

この物語で最もかわいそうなのは、唐衣かもしれません。「どうして兄を味方にできないのか」とさんざん言われる毎日。彼女はどんな思いで「ハハキトク」の偽手紙を書き、兄をだまして おびき出したのでしょう。

唐衣「ここまでやったのは、夫に手柄を立てさせたいから。確かに兄上は一本気だけど、家族一緒に味方になって仲よく過ごすのがいいに決まってる！ せっかく呼び寄せた母上までまた連れ帰るなんてひどすぎるわ。母上はお兄さまだけのものじゃない、私のお母さまでもあるのよ！ お母さまだけは渡さない！」

周りは敵ばかり。その中で頼れるのは夫だけ。自分を愛してくれる夫（直江兼続って、兜《かぶと》に「愛」ってつけている武将です）にできるだけの協力をしたいと思うのは当然です。そして最初の手紙「お母さまに会いたい」も、唐衣の心からの願いだったのではないでしょうか。

一歩も引かない唐衣とお勝は刀を持って斬り合います。そこへ割って入った老母・越路。止めに入ったのではありません。両者の刀を身に受けて、死んでいくのでした。越路は敵国に着いたそのときから、死を覚悟していました。輝虎に従えば、息子・勘介の立つ瀬がない。だからといって、勘介がウンと言わなければ娘・唐衣の立場がない。それでわざと輝虎に無礼を働き、あえて手討ちになろうとしたのです。

親は、自分のことより子どもの命を、将来を考えます。息子・勘介にも娘・唐衣にも、自分らしさを発揮してのびのび幸せに生きてほしい。そのために、できることは何でもする。それが親というものです。越路の死を皆は嘆きますが、彼女自身の心には一点の曇りもありません。

武士に勝るとも劣らぬ身の処し方を目の当たりにして、輝虎は勘介を召し抱えることをあきらめると同時に、武田方に「塩を送る」と約束します。また髪をおろし、長尾謙信、やがて上杉謙信と名を改めます。

女たちは国境を越える

かつて公家や武家の女性は、いや応なく人質に使われ、安全保障にあって重要な役割を担っていました。「政略結婚」も体裁を整えた人質。しかも相手方の内情を故国に知らせる諜報活動、つまりスパイ活動の拠点としても位置づけられていたのです。

マリー・アントワネットもオーストリア皇女として、フランスとの緊張関係を改善するため14歳でルイ16世と結婚させられました。織田信長の妹・お市や徳川家康の孫・千姫は、嫁ぎ先が実家に滅ぼされる悲劇を味わっています。

彼女たちは、強制的に国境を越えさせられた女性たちでしたが、今日、多くの女性たちが愛ある結婚によって国境を越えていきます。でも、ひとたび2つの祖国が戦争状態に陥ったとき、その心の痛みはいかばかりでしょう。

この世界には、たくさんの唐衣がいます。唐衣に会いたくても会えない越路がいます。妹のいる国を攻める勘介がいます。戦国時代に活躍するのは男だと思いがちですが、女だからこそ、賢明に和平を望み、知恵をめぐらしたともいえるのではないでしょうか。

祖国を離れた子どもの幸せを一心に祈る世界中の越路、「どんなときも、家族全員と仲よく過ごしたい」と願っている世界中の唐衣たちの幸せを思わずにはいられません。

第九話　新版歌祭文《しんぱんうたざいもん》「野崎村《のざきむら》」

野に咲く花の恋と意地
～お光ちゃんの選択

お光はどこにでもいる「ごく普通の」女の子。大坂という大都市の郊外、のどかな野崎村で平凡な毎日を過ごしています。

親孝行で純朴で、裏も表もない素直さは、「濃いキャラ」がたくさん登場して活躍する歌舞伎作品にあって、主人公としては珍しい存在かもしれません。大輪の牡丹《ぼたん》や百合《ゆり》、薔薇《ばら》のような派手さはありませんが、どこかほっとするお光ちゃんの生き方は、歌舞伎ファンの間でも絶大な人気を誇ります。

結婚式当日に恋の迷路に入り込んでしまうお光ちゃん。彼女はどういう決断をすることになるのでしょう。

100年経ってもリメイクが売れまくった〝お染久松もの〟

「野崎村」は『新版歌祭文』という全五段の浄瑠璃の二段目にあたります。この『新版歌祭文』は〝お染久松もの〟の一つ。〝お染久松もの〟とは、宝永7年（1710年）に大坂で起きた大店の娘・お染と手代・久松の心中事件を題材に書かれた作品群を指します。

事件発生直後から芝居になり、以後多くの〝お染久松もの〟が誕生しました。今残っている代表的な作品としては、明和4年（1767年）初演の『染模様妹背門松《そめもよういもせのかどまつ》』（作・菅専助）、今回お話しする「野崎村の段」が入っている安永9年（1780年）『新版歌祭文』（作・近松半二）、そして文化10年（1813年）『於染久松色読販《おそめひさまつうきなのよみうり》』（作・鶴屋南北）が挙げられます。

事件発生の年と、各舞台の初演年を見てください。事件から50年経っても100年経っても、まだリメイクされています。そして現在まで残っている、つまり、売れまくっている！　最強のキャラ「お染久松」は江戸のエンタメ業界にとって、現代の「ゴジラ」みたいなものだったのかもしれません。

このように、昔はお芝居が一つ当たると、そのキャラクターやあらすじを使って同様の作品が雨後のたけのこのようにどんどん生まれました。「著作権」という観念がなかったせいでしょう。でも悪いことばかりではありません。多くの作り手が知恵を出し合い競い合ったことで結果的に改良が重ねられ、今に残る名作が生まれる土壌をつくったのも事実です。『仮名手本忠臣蔵』も『曽根崎心中』も、そうやって確固たる古典作品となりました。

その過程で、先行作品にはなかった登場人物が追加されたり、人物の関係が変化したりすることはよくあり、『新版歌祭文』全体としては先行作品をなぞって進行するものの、二段目の「野崎村」だけは、近松半二がほぼ新たに書き加えたといってよい部分で、ここだけ見ると、主人公はお染久松ではなく、お光という娘となります。

名もなき花に名づけるごとく

実はこのお光、先行作品『染模様妹背門松』には登場しません。1回だけ、久松の育ての親である久作のせりふの中に「おまえと娶《めあわ》せるつもりで引き取っておいた隣の娘」という設定で「おくめ」という名が出てくるだけです。知らぬ間に養い親が決めていた、形ばかりの許婚《いいなずけ》など、お染と相思相愛の久松にとっては面倒でしかありません。

その存在に、近松半二は「お光」という名前をつけて光を当てました。いわば大ヒット作品のスピンオフとして生み出されたキャラクターですが、これがまたもや大ヒット！『トム・ソーヤーの冒険』から『ハックルベリー・フィンの冒険』が派生し、『クレヨンしんちゃん』から映画『クレヨンしんちゃん　雲黒斎の野望』が生まれたように、脇役が予想外の人気を得ることはよくあります。お光人気はとどまることを知らず、『新版歌祭文』は「野崎村」ばかりが上演されるようになりました【注15】。

ではなぜ、お光はそれほど愛されるようになったのでしょう？

幼なじみで実父である久作が決めた許婚・久松は、主人の娘とのひそかな恋に身を焦がし、ともに死んでもかまわないほど思い合っている。そんな男の嫁になる女性の心の内を、「野崎村」は鮮やかに描いていきます。

大好きなお兄ちゃんとの幼なじみ結婚

野崎村は大坂の中心地から東へ15キロほど。生駒山のふもとにあります。昔の人なら歩いても2時間くらいでしょうか。かつては寝屋川などの川を通って舟でも行けるところでした。

のどかな田園が周囲に広がる野崎観音は、大坂人にとって格好の行楽地で、今でも「野崎参り」は盛んです。第五話で紹介した『女殺油地獄』でも、この野崎参りがオープニングの舞台となっています。

たった2時間で行き来できるとはいえ、大坂は「天下の台所」。野崎村とは全く違う大都会です。立派な質店・油屋に奉公に行っていた久松が、今日、祝言のために帰ってくる！　お光の実父である久作のもとで、幼いころからきょうだい同然に過ごしてきた久松お兄ちゃんは、彼女にとって憧れの人でした。その久松と自分が結婚できるなんて！

奉公先で何やら不祥事があったらしいとか、どうもお店のお嬢さんといい仲だとかいううわさは耳にしますが、お光にとってはどうでもいいこと。長く患って明日をも知れぬ母親に、せめて自分の花嫁姿を見せてあげたい。その目が見えなくなっていても、久松お兄ちゃんと幸せになります、と二人であいさつすれば、きっと安心してくれるだろう……。

「こんなことなら髪を結い直しておくんだった」などとひとり言をつぶやきながら、いそいそと鏡を見たり、「あと少ししたらこの眉を剃るのよね、歯には鉄漿《おはぐろ》つけるのよね」と、人妻になった自分をあれこれ想像し、「眉がないと私はどんな顔になるんだろう？」とばかりにいそいそと手ぬぐいで眉を隠してシミュレーションするお光。喜びに胸は高鳴ります。

しかしここは田舎家、使用人がいるわけでもなく母も病臥《びょうが》で人手はなし、今は着替えの支度より、自分の祝言のお膳に出す大根なますを自分で作っているのでした。

そこに、久松を追ってお染がやってきます！

セレブ嬢vs田舎娘！　譲れない互いの思い

艶やかな振り袖を着て、「もうし、もうし……」とおっとり声をかける美しい人……。その洗練された都会のお嬢さまをひと目見て、お光は直感します。

「負けてる……」

久松という者が来ていないか？　と問われたお光は、女の勘でお染を天敵と見抜き、必死で追い返そうと画策を巡らします。まずは、無視！　そして……、

「ビビビビビ〜！」

アッカンベーをして先制攻撃。敵意丸出しです。


でもお染も引き下がってはいません。相思相愛と思っていた久松が、置き手紙をして突然店からいなくなり、野崎村の実家に戻ってしまっただけでも心ざわつくところ、心配で来てみれば、なんとかわいらしい女性がいて婚儀だの祝言だのと言っているではありませんか！

「私の久松が！　いったいどうなってるの？」

家の中をうかがうお染に気づいた久作は、びっくり！　せっかくお染から久松を引き離してきたのに……。

早く祝言を挙げて久松にお染をあきらめさせなければ、とお光に花嫁姿に着替えてくるよう急いで連れていきます。久松が一人残された隙に、お染は転がるように家に入り、久松にむしゃぶりつくのでした。

「会いたかった！　会いたかった、会いたかった……」

久松にしてみれば、相思相愛とて主人の娘としがない手代です。お染に持ち上がった大店の息子・清兵衛との縁談を押しのけてまで、一緒になれるはずがありません。まして経営が悪化して、婿《むこ》入りする清兵衛がもたらす多額の持参金がなければ、店そのものがつぶれてしまうという状況。これでは二人は別れるしかない、というのが久松の考えでした。

でも、お染にはそれができない事情があったのです。

お染は身ごもっていました。

第九話　新版歌祭文「野崎村」

退路を断たれたお染の苦悩

大店の一人娘と手代の恋は、外から見れば「財産目当ての逆タマ狙い」とも「わがままお嬢さまの気まぐれ」にも映るかもしれませんが、この二人、真剣です。本当に愛し合っています。もし家業の油屋が順風満帆だったら、久松も元は武家の出、真面目だしイケメンだし、主人に気に入られてめでたく婿入りできた可能性だってないとはいえません。

けれどお染の家の質店・油屋は、主人の死をきっかけに右肩下がりで火の車。亡き夫に代わって店を切り盛りしているお染の母親・貞昌《ていしょう》は、起死回生に持参金つきの婿をようやく見つけたところでした。だから、久松とのハッピーゴールインは１００パーセントなし。久松はそうした事情を知り、親代わりの久作からも説得されて、お染への気持ちを断ち切って野崎村に戻ったわけです。

お染はこのとき、自分の体に起こっている変化に気づいていました。

江戸の昔です。どうやったら子どもが生まれるかなど、何も知らない箱入り娘。好きよ好きよと逢瀬《おうせ》を重ねるうち、きっと最初は「なんか太ったな」くらいにしか考えていなかったでしょう。間違いなく「これは……」と思い当たったとき、お染はどうしてよいかわからず、恐ろしくて息が止まるほどだったと思います。

日に日に大きくなるおなかを見つめ

誰にも相談できない。でも、このままでもいけない。どうしよう、どうしよう……。

もし、本人もわからないほどのタイミングであったとしたら、お染は母に言われて清兵衛と夫婦になって、多少早産で「あれ?」と思われたとしても、なんとかなったのかもしれません。でもすでに腹帯が必要なほど(『染模様妹背門松』より)の膨らみ。祝言の夜、床をともにすれば夫となる人が気づかぬはずがありません。その段になってしまったら、事は家同士の問題、持参金の問題にまで発展してしまう!

久松には「お光と結婚して仕切り直し」の道があったけれど、お染にはもう、「別の道」などなかったのです。

二人一緒に添はうなら　飯《まま》も炊かうし織り紡《つむ》ぎ、
どんな貧しい暮らしでも　わしや、嬉しいと思ふもの。

「どんな暮らしでもいい、台所仕事もやる、機織りだってやる、貧しくても一緒なら、私は幸せ！」──お嬢さまのお染にはそんな暮らし、3日ともたないだろうということは、他人の私にだって想像はつきます。でもここまで思い詰める気持ちには一つのうそもない。その証拠に「覚悟はとうから決めている」と、お染は用意したカミソリを取り出して死のうとするのでした。

お染の様子から妊娠を知った久松もまた、事の次第はすでに取り返しのつかないところに至ったと、「かなわぬときは私も一緒に」と心中を誓います。

でも当人たち以外、誰も「妊娠」の事実を知りません。

「その思案、悪かろう」

思い詰める二人を見た久作は事を分けて諭し、「とにかく死ぬなんてことは考えるなよ」と説得します。恋に突っ走る若い者を見て、頭ごなしに怒るばかりが親ではありません。親の願いはただ一つ。子が幸せに生きてほしい。死なないでほしい！　それだけです。
二人がなんとか別れを受け入れたので、久作は喜んでお光を呼び入れます。ところが祝言を行うため綿帽子をかぶって出てきたお光、それを取ると、なんと髪をぷっつり切っているではありませんか！　花嫁が、髪をおろすとは……。

うれしかったはたった半時

家にやってきた恋敵《こいがたき》のお染に「ビビビビビ〜！」とアッカンベーをしたオープンな性格のお光なのに、なぜ？　ライバルを追い落とし、ようやく好きな人と結婚できるというのに、なぜ？　どうして髪を切って出家なんかしてしまったのでしょうか？

思ひ切つたと言はしやんすは、義理に迫った表向き。
底の心はお二人ながら、死ぬる覚悟。イヤサ死ぬる覚悟でゐやしやんす。

お染の妊娠のことを、お光は知りません。けれど久松と添い遂げようとするお染の必死さは、痛いほど伝わってきたのでしょう。他人に「あきらめろ」と言われて「わかりました」なんて、本心から言ってるはずがない、と。お父さんは自分にいいほうにいいほうにと捉えようとしてるけど、それ、違うから、と。お光は、現実をしっかりと見る子でした。

初めてお染を見たとき、「美しい……」とつぶやいたお光。顔では負けた。でも、私はちゃんと親から結婚の許しをもらっている！　それがお光の誇りでした。だから勝てると思っていた。けれど、すぐに気づいた。久松さんの心はお染さんにある。負けたのは顔だけじゃない。

——本当はわかっていたの。最初から、私に勝ち目がなかったことは……。でも、祝言できるって聞いて、心の底からうれしかった……。

所詮望みは叶ふまいと思ひのほかの祝言の、

盃するやうになつて嬉しかつたはたつた半時

お染を追いかけてきた母の貞昌に諭されて、お染は母とともに舟で、久松は貞昌が乗ってきた駕籠《かご》で陸路、別ルートで大坂に帰ることになります。陸と川、別れ別れになりながらも、お染と久松は大坂に着いたなら、ともに死出の旅路に向かおうと、互いに目と目で確かめ合うのでした。

そうとも知らず、お光は笑みを浮かべて二人を見送ります。自分の決断に悔いはありません。でも、彼らの姿が見えなくなると、こらえていたものがせきを切ってあふれ出す。父親にすがって泣くのでした。

「道理じゃ、道理じゃ……」

久作はただ、娘を抱き締めるだけです。

この場面、初めはありませんでしたが、上演されるうちに「入れごと」といって役者が付け加え、それが定着して今に至ります。そうだよね。本当は悲しいよね。つらいよね。この幕切れには、観ている私たちも思わず熱いものが込み上げます。

身を引く＝愛してない、じゃない！

歌舞伎は本音が炸裂する芸術です。何も言えずに死んでいった人の悔しさを、観客は「口説《くど》き」と呼ばれる長せりふを通して全部聞いてあげる。泣き寝入りするようなケースでも、歌舞伎ではあきらめず、艱難辛苦の末に敵討《かたき》ち。あるいは幽霊になってでも復讐を遂げます。

そこには、「普通はできないことだから」お芝居になっている、という側面も否定できません。私たちには生活がある。人生がある。一瞬の感情で爆発してしまったら、次の日を迎えられません。だからこそ、フィクションでは非現実的なジェットコースターストーリーや爽快な勧善懲悪が好まれるのでしょう。

恋愛に限らず、職場に乗り込んだり刃傷《にんじょう》沙汰になってまで、「絶対に渡さない」という壮絶な奪い合いは存在します。でも世の中の大多数の人々は、「じゃ、私はいいわ」とあきらめることのほうが多いのではないでしょうか。それが、常識の中で生きる、普通の人々の感覚です。

(あのとき、もうちょっと自己主張してもよかったかも)

(なんで追いかけていかなかったんだろう)

ときどき、そんな思いも浮かぶ一方で、考えに考えた行動だから自分の選択に間違いはなかった、と納得もしていることでしょう。

かつて産みの親と育ての親の間で、子どもの養育権を争った裁判がありました。「絶対に手を離さなかったほうが勝ち」と言われて両方の親が子どもの手を引っ張ったため、子どもは痛くて泣いてしまいます。それを見て、思わず手を引っ込めたほうに養育権が与えられた、といいます。お光の場合も、自分の気持ちだけでなく大好きな久松の気持ちを考えたら、ここは自分が引くのがいちばんいい、と考えたのだと思います。

愛する人を「手放した」かもしれない。でも、それは「ライバルより愛が少なかった」ということではありません。

身を引く女にも意地はある

ここで、なぜお光は出家という手段にまで及んだのかを考えてみます。そんなことまでしなくても、単純に「私、あきらめます」でよかったのでは？

私は、これがお光の「意地」なのだと解釈しました。「出家」とは俗世を捨てること。恋だけでなく、人生を捨てる。死ぬことと同じです。お染が「添えないならば、死ぬ」

という覚悟なら、お光も同じくらい、命がけの恋だった。でも、自分は死ねない。病気の母がいる。年老いた父がいる。だから俗世を捨てることで「この恋に人生をかけていた」という自分の気持ちを形にして示したのではないでしょうか。

「野崎村」を観るたびに、私の脳裏には『木綿のハンカチーフ』という歌が浮かび上がってきます。昭和50年（1975年）に太田裕美が歌ったヒット曲。歌詞は松本隆が書きました。

都会へと旅立つ恋人を、駅のプラットホームで見送る女性。彼が「向こうに行ったら君へのプレゼントを探すよ」と言うと、地元に残る彼女は「欲しいものは何もないわ」と慎ましく答えます。願いはただ一つ、都会の絵の具に染まらないで帰ってほしいだけ。けれど祈りむなしく、やがて彼は「戻らない」決意をします。そのとき彼女は初めて「欲しいもの」をリクエストする。それが木綿のハンカチーフなのです。涙をふくための。

若いころ、私はなぜ彼女が、最後の最後にハンカチが欲しいというのか理解できませんでした。それも「涙をふくため」という目的まで言うなんて、当てこすりもいいところです。けれど、今はちょっとわかる気がする。彼女は帰ってこない恋人をなじりはしない。都会にできたかもしれない新しい恋人とも、あえて張り合おうとはしません。でも、ずっとあなたが好きだった。ずっとあなたを待っていた。そのことまで否定されたり、忘れられたりしたくない！

いろんな思いを抱えながら、人はまた、同じ一日を繰り返す。そして必ず生きていく。当たり前の人間が当たり前に暮らすとは、そういうことです。自分の夢を追いかけるため、命がけの恋をつかむため、しがらみを捨てて家を飛び出したり、心中したり、そんなふうに飛躍できる人ばかりではありません。

お光ちゃんが、歌舞伎史上最も愛されるスピンオフキャラなのは、当たり前の日常を過ごす女性の胸の中の、「意地」と「涙」を体言しているからではないでしょうか。

【注15】お染と久松を主人公とする本筋は『染模様妹背門松』が代表作として人気が高く、今もよく上演される。また、『於染久松色読販』は通称「お染七役」といい、看板役者が「お染・久松・お光・久松の姉の竹川・芸者小糸・お染の母の貞昌・土手のお六」の七役を、一人早替わりで演じるケレンが見どころ。『新版歌祭文』の33年後に書かれたこの作品では、すでに「お光」が「七役」に欠かせない人物として定着している。

第十話　心中天網島《しんじゅうてんのあみじま》　上「河庄《かわしょう》」

女はどうしてダメ男にほれるのか？

～小春

『心中天網島』は享保5年（1720年）、近松門左衛門の作。実際の心中事件をモデルに書かれました【注16】。紙屋治兵衛《かみやじへえ》と遊女・小春との心中物語は、『曽根崎心中』『冥途の飛脚』と並び、三大近松心中物語の一つで、近松最晩年の最高傑作とうたわれています。ほかの二作品と決定的に違うところは、治兵衛が独身ではなく、家庭を持っているというところ。妻あり、子ありで女遊び！　単なる悲恋ものではすまされないお話です。

上・中・下の三部構成ですが、歌舞伎では上巻にあたる「河庄の段」のみの見取り狂言となることがほとんど。妻のおさんが登場する中の巻「天満紙屋内の段《てんまかみやうち》」や、心中道行《みちゆき》にあたる「名残の橋づくし」は、ほとんど上演されません。
このため、『心中天網島』の全体像を知らない方が多いことを、私は大変残念に思っています。「河庄の段」だけでは、近松がこの作品に込めたテーマの深さ、恐ろしさは、わかりようがないからです。

紙屋治兵衛のどこがいい？

初めて「河庄の段」を歌舞伎で観たとき、私は近松門左衛門がこの話で何を描きたいのか、全く理解できませんでした。人に言われて恋をあきらめる女・小春と、好きな女にだまされたといってキレまくるＤＶ男・治兵衛。どちらの登場人物にも、全く感情移入できない！

特に治兵衛は最悪です。妻子持ちでありながら廓通《くるわ》いを続け、店の経営もそっちのけ。それだけでも「いいかげんにしなさい」のダメ男だというのに、入れ揚げている小春に愛想尽かしをされるや否や、瞬間湯沸かし器となって頭に血がのぼり、理由も聞かずに殴る蹴る！　おぞましいＤＶ男となってキレまくるのです。追い打ちをかけるように浴びせる言葉が輪をかけて罵詈《ばり》雑言。

「根性腐りしアノど狐」

「狸め狐め家尻《やじり》切め。貧乏神の親玉め」

「さすが売物安物め」

「ヤイ赤狸め。おのれゆゑに面恥かき、足かけ三年というもの、恋しゆかしいとし可愛も、今日という今日、愛想がつきた」

聞いているだけで胸が悪くなります。そのうえ、捨てぜりふとともにいったん玄関を出たのに、「気が収まらない！」と言ってわざわざ舞い戻り、最後に一発お見舞いとばかり、

「たつたこの足一本の暇《いとま》乞ひ」と額際《ひたひぎは》はたと蹴て……

か弱い立場の女郎の顔面を、えいとばかりに蹴ってうっぷんを晴らすという暴挙に

まで及びます。

どこまで女を「足蹴」にしたら気がすむのか？　それも何年もむつみ合った女を、よくもここまで都合よく、女を悪者にできるもんだ！　こんな身勝手なＤＶ男、主人公にしてどうするの？　本当に、これが近松の最高傑作なの？

本妻に頼まれて愛想尽かし

フラストレーションの種はほかにもあります。

小春が「愛想尽かし」をしたのは、本妻のおさんから「別れてくれ」という手紙をもらったからなのですが、「夫には私から手紙をもらったと言わないで」っていう条件づき。オペラの『椿姫』と同じ路線ですね【注17】。おさん、やり方が姑息《こそく》すぎる！本妻なら正々堂々、表に出て手を切らせればいいのに、自分だけ頬かむり、いい子ちゃん面《づら》ですか？

同じ女性、同じ主婦という立場であっても、私はこのおさんの行為には全く共感できませんでした。だいたい、二人の女が血まなこで取り合いしているのがこんなＤＶ

なダメ男だという時点で、「なんでそうなるの？」の気分です。

小春に手を切ってくれと頼みに来ていた治兵衛の兄・孫右衛門は、治兵衛と小春が交わした起請文【注18】を取り返そうともみ合ったときに、彼女の紙入れに入っていたおさんからの手紙を発見。おさんに頼まれて別れを決意した小春の背中を拝みながら、やってきた治兵衛にはおさんの手紙のことは隠し、連れて帰ろうとします。ところが治兵衛はちらっと見えた手紙に気づき、「誰からの手紙だ？　男か？　いつからだ？」と嫉妬に駆られてますます激怒。うっぷん晴らしにもう一度、小春の顔を蹴り倒して去るのです。花道を退場する最後の最後まで、小春に対して悪態を吐き続ける治兵衛を見送りながら、私の胸のムカムカは募るばかり。

（小春、ほんとに別れちゃったほうがいいよ。ダメだ、こんな男と心中しちゃ！）

大坂の話らしく、笑える場面もちりばめてはありますが、「初めての河庄」は私にとって、男の身勝手さを小春と一緒に耐えねばならない難行苦行の90分でしかありませんでした。

では、なぜそんな「河庄」ばかりが上演されるのでしょう。

「魂抜けてとぼとぼうかうか」

「河庄」の出来不出来は、花道から登場する治兵衛の様子がすべて、とよくいわれます。それは、ここを見事に演じ、当たり役とした初代中村鴈治郎（安政7年〜昭和10年／1860年〜1935年）から続く伝統。逆にいえば、初代鴈治郎のおかげで「河庄」が人気演目になったとも考えられるのです。そう、観客は「治兵衛」ではなく「鴈治郎」を見たくて劇場に詰めかけた。懐に手を入れて半目を開き、おぼつかない足どりでの登場に、鴈治郎はどのような治兵衛の心理描写を込めたのでしょうか。

小春に深く大幣《おおぬさ》の、腐り合ふたる御注連縄《みしめなわ》。
今は結ぶの神無月、堰《せ》かれて逢はれぬ身となり果て
あはれ逢瀬の首尾あらば、それをふたりが最期日と、
名残の文の言い交はし、毎夜《よごと》〳〵の死に覚悟。
魂抜けてとぼとぼうか〳〵。

治兵衛はまだ、小春が偽りの心変わりを決意しているとは知る由もありません。それなのに、「魂抜けて」いる。「とぼとぼうかうか」歩いてくる。

なぜか？

——治兵衛の出にかぶる竹本（義太夫の語り）を聞くと、治兵衛と小春は「河庄の段」が始まる前から、すでに心中するしかないところまで追い込まれていたことがわかります。

・小春の身請けには金が足りず、二人は以前に会った時点で心中する話が出ていた。
・置屋は小春に持ち上がったほかの身請け話にケチがつかぬよう、治兵衛を警戒して小春の居所を知らせない。
・治兵衛は毎晩、小春が回りそうな店をあちこち探しまくって憔悴しきっている。

だからこその「とぼとぼうかうか」であり、生きてはいるけれど、すでに「魂抜けて」死んだも同然の意気消沈。そこへ今夜、小春が「河庄」にいることを突き止めて、「魂」が体の中によみがえるのです。

ブチ切れ男・治兵衛に愛はあるのか？

いとしい小春、長いこと会えずにさぞ寂しかったろう。

「さあ来たぞ、一緒に死のう」……と治兵衛が河庄の戸をくぐろうとした折も折、見ず知らずの客【注19】と話し込む小春の声が聞こえてきました。

「実は、ある人から一緒に死んでくれるかって言われてるんです。行きがかり上、ウンと言っちゃったけど、ほんとは死にたくないの。あなたなんとかしてもらえます？」

治兵衛はがくぜんとします。


さては皆嘘か。二年といふもの化かされた。根性腐りしアノど狐

「ずっとだましていたのか？　一緒に死ぬというのもうそ、愛の言葉も全部うそ？」

「俺は単なるカモなのか？　金を引き出すための道具？」

「こんなに愛しているのに、俺はすべてを捨てたのに！」

心の底からの絶望。そして激怒。身も心も疲れ果て、死ぬことしか考えられないくらい追い詰められている治兵衛には、もはや「いやいや、小春はそんな女じゃない」と立ち止まって思い直すような余裕はありませんでした。

「よくもだましたな！」と小春に足を上げる治兵衛に向かい、兄の孫右衛門は、「当然だろう、遊女なんぞ、客をだましてナンボの商売だ。店を構えた亭主になって、子ども二人もいて、30歳の大の大人が今ごろわかったか！」とたしなめます。

そう言いつつも、孫右衛門は小春がおさんの気持ちをくんでくれた「実」に手を合わせ、ふてくされた治兵衛を追い立てて、これで万事解決とばかりに連れ帰るのでした。

でも、治兵衛は目が覚めてもいなかったし、「思いきって」もいなかった。別れてもなお続く悪口雑言は、あきらめきれない証しでもあります。

小春もまた、なぜおさんの手紙を受け入れて愛想尽かしをしたのか、この「河庄の段」では心の内を一つも明かしていません。

近松の原作の中で、「河庄」はまだ発端にすぎないのです。ダイナミックな展開は、中の巻の「天満紙屋内の段」でこそ本領を発揮します。

【注16】天満の紙屋治兵衛と曽根崎の遊女・小春の心中事件。享保5年（1720年）に心中事件が起きると近松はすぐさま芝居にし、同年初演している。

【注17】ヴェルディのオペラ『椿姫』では、高級娼婦のヴィオレッタに対し、アルフレードの父親が「本当に息子を愛しているなら別れてくれ。そして私から別れろと言われたとは言わず、自分から身を引いてくれ」と迫る。

【注18】誓いを破れば神罰を受けるという誓いの文書。治兵衛と小春は互いの愛を確かめ合うように、相手が書いた起請文をそれぞれ29枚も書き交わし、持ち合っていた。

【注19】実は兄の孫右衛門。客（武士）を装って、小春に別れてくれと頼みに来ていた。

第十話　心中天網島　中「天満紙屋内《てんまかみやうち》」

尽くす女？　新しい女？

～おさん

『心中天網島』では、心中する当人の治兵衛と小春だけでなく、夫に浮気された妻おさんの心にもフォーカスしています。治兵衛をめぐり、心中する小春と心中されたおさん。男一人に女二人、ドロドロの三角関係？……と思いきや、話はもっと深いところへ。自分を信じて進む、おさんの生き方にご注目ください。

夫の浮気は妻の責任か

「紙屋内」とは、大坂の天満にある「紙屋治兵衛の家の中」という意味です。愛人・

小春にフラれて憤まんやるかたない治兵衛は、妻のおさんのいる家に戻ってくると、仕事をするでもなく炬燵《こたつ》に入ってふて寝。そんな治兵衛をおさんは何事もなかったように迎えます。

おさんにしてみれば、「してやったり！」ですよね。だって夫に内緒で愛人に「別れてくれ」と頼んだら、彼女あっさり「はい」って別れてくれたんですから。

ところが、そこに治兵衛の兄・孫右衛門が血相を変えてやってきます。

「小春が天満の御大尽《おだいじん》に請け出されるとのもっぱらのうわさ。おまえだろう。あれほど意見をし、おまえも了見したはずなのに、どこまで人をバカにする気だ？」

〝天満の御大尽〟を治兵衛だと誤解しての怒鳴り込みです。もちろん、治兵衛は何のことかわかりません。一緒にやってきたおさんの母も、娘に意見。

「夫に家を傾かせるほどの女遊びをさせるのは、妻のおまえにも落ち度がある」

えーっ？　それって妻の責任ですか？　そして実の母親が言うこと？……と、ツッコミどころ満載ですが、おさんの母親は治兵衛の叔母でもありました。つまり、治兵衛とおさんは従兄妹《いとこ》同士の結婚だったのです。

親戚一同がスクラム組んで、紙屋という商売を盛り立てようという形。妻としてだけでなく、副社長としても社長の行動を管理しなくては、というのが、親族代表の意見なのです。

でも、「身代傾かせるほど」の女遊びはダメだけど、ちょっとなら許せ、みたいな言い方、今では通用しませんよね。昔だって、「そういうもの」と思い込まされていただけで、女はみんな泣いていたと思います。

耐えに耐えた2年間の思いが爆発！

「うちの人、うそついてませんよ。いくら私が仏でも、のうのうと身請けなんて許しゃしません。これぱっかりは私が保証します」

……「これぱっかりは」っていうことは、おさんはこれまで、きっとたくさんうそをつかれてきたのでしょう。でも今回は、小春と絶対別れているはず。自分が仕掛けたことだし、実際、夫もしょげて一歩も家から出てないし。

小春を請け出すのは、同じ天満の商人・太兵衛とわかりました。こちらは独身です。

治兵衛からそれを聞いても安心できない孫右衛門、それじゃあ誓書を書けと迫ります。

「何枚でも書きますよ、1000枚だって書いてやる！」

ここからして、すでにいいかげんですよね。誓書1000枚書く男、あなたは信じられますか？

兄や叔母が帰っていくと、治兵衛はまたもや炬燵でふて寝。それもぽろぽろ泣いているではないですか！　おさん、さすがにブチ切れます。

「何？　まだあの女のこと忘れられないの？　ちょっと、起きなさいよ！」

治兵衛を正座させます。

「取られて悔しい女だったら、別れますなんて誓書、書かなきゃいいのよ。この炬燵でほかの女のことを思って泣くなんて……。この炬燵は……」

一昨年の冬、寒くなって初めて炬燵を出したその夜に、二人枕を並べてこの中で寝た炬燵。その日を境に2年、おさんの寝床に治兵衛は入ってこなかった。

「やっと帰ってきてくれたから、私はまたあなたとこの炬燵で……と思っていたのに！　ひどい男、悔しい、悔しい〜!!」

　2年の間、ひとり寝を強いられていたおさん。

帰ってこない夫を冷えた布団の中で待ちながら、幼い子どもを育て、店を切り盛りしてきた彼女にとって、「炬燵」は治兵衛との愛の証し、心のよりどころだったのでしょう。家の中、それも思い出の炬燵の中で小春を思って泣くなんて、おさんにとっては夫婦のダブルベッドに愛人を連れ込まれたようなつらさだったに違いありません。

おさん、小春の覚悟に気づく

　ところが、治兵衛は全く違うことを言い出します。

「違うよ。これは、太兵衛が俺のことを『女を請け出せなかった金詰まり者』とか言いふらすかと思うと、胸が悪くなる、そういう悔し涙なんだよ！　だいたい小春のやつ、『太兵衛に請け出されるくらいなら、ものの見事に死んでやる』って言ってたのに、これだよ。そんな畜生女に名残もヘチマもない。腐り女の四つ足め！」

——人の悪口はとことん言う、考えているのは自分の体面ばかり。どこまで行ってもダメな男です。小春だけでなく、おさんにも言いたい。こんな男のどこがいい？

でも、愛しているんですよね。だから、恋敵《こいがたき》の小春が太兵衛のものになってくれれば万々歳だし、小春に対する悪口雑言も、本妻おさんにしてみれば、天使のファンファーレみたいなもの！　めでたしめでたし……のはずです。

しかし、おさんは大変なことに気づいてしまいました。

「小春さん、死ぬわ」


本当は、一生言うまいと思っていた秘密。小春に「別れてくれ」と迫った手紙のことを、おさんは治兵衛に告白します。

「同じ男を愛する女同士じゃないか、愛する男のためを思って身を引いてくれって書いたのよ。そしたら、わかりましたって返事をくれたんです」

愛想尽かしは本心からではない。小春はまだ、治兵衛を愛している！

「女っていうのはね、そんな誰彼とコロコロ心変わりするものじゃないの。死ぬわよ。この人、死ぬわ！　ああ、小春さんを死なせたら、女同士の義理が立たない！」

尽くす女・おさん

「小春が死ぬのを止めるには、これしかない」

覚悟を決めたおさんは、なんと店のあり金全部を渡し、小春を身請けしてこい、と治兵衛を曽根崎に向かわせるのでした。

「あのー、これじゃ手付けにはなっても、全額には足りないんですけど……」

あり得ん、この期に及んで治兵衛、追加の無心！ どこまで自分本位な男なんだ！

それでもおさんは嫁入り道具のたんすの中をかき回し、着物一切合切を包んで渡します。そして極めつけがこの言葉。

「私や子どもはどんな格好していてもかまわないけど、あなたはちゃんとしないと。バシッと決めて小春を請け出し、太兵衛をぎゃふんと言わせておいで！」

もう、妻というより治兵衛のおかんっていう感じです。もしかしたら、この肝っ玉ぶりが、治兵衛をスポイルさせちゃったのかもしれませんね……。そう思うと、「おまえにも落ち度がある」という母親の言葉も、一理あるようにも感じられてきました。

するとかわいい甘えん坊の治兵衛ぼっちゃまから、さらなる追い打ちが！

「小春を連れて帰るとして、おまえはどうするの？」

どうするの？……って、それをおさんに聞くか？　自分でなんとかしろ！　妾宅を構える甲斐性もないのに、身請け身請けと騒ぐな～!!

私なら、もう我を忘れてゲキオコ状態ですが、おさんはハッと胸をつかれ、

「そこまで思いつかなかったわ。……じゃあここに住まわせればいいじゃない。私は……そうね、子どもの乳母になるか、飯炊き仕事をするか、あるいは隠居するか……」

そう言いながら、おさんはたまらずにわっと泣き崩れてしまいます。


そりゃ、泣きますすよ。彼女もどうしていいかわからなくなっているんでしょう。最初は「何も言わずに身を引け」と、小春に手紙を出しました。愛人と手を切らせ、ひとり寝させた夫を責め、「うそっぱちの誓書なんて書くな！」となじった。治兵衛を小春に奪われまいとした嫉妬深い妻、それこそがおさんの本来の姿です。

それなのに、どうしてそこまで自分を殺し、卑屈にならなきゃいけないの？

おさんは「都合のいい女」なのか？

身請けの金は出す、小春を家に入れても文句は言わない……。このあまりにけなげなふるまいのせいで、『心中天網島』のおさんは「尽くす女」の代名詞となっています。男にとって、こんな都合のいい女はいない、俺の嫁もこうあってほしいもんだ、などと甘い幻想に浸る殿方もいるかもしれません。でも実際は、治兵衛はおさんによって、かえって退路を断たれているのです。

おさんが手紙の一件を黙っていれば、小春は一人で死に、治兵衛とおさんは元のさや。「狐め、狸め」と悪口を言いながら、治兵衛はじきに小春を忘れてしまうでしょう。もし小春を請け出すとしても、なにもおさんが身を引くことはない。本妻としてデンと構え、小春を「めかけ」として自分の下に置いたうえで、ネチネチいじめ抜いてうっぷんを晴らし、追い出して野垂れ死にさせることだってできたはずです。

「めかけを囲うは男の甲斐性」という言葉があります。本妻にとって、これほど屈辱的なものはありません。そのうっぷんを、本妻たちは「めかけ奉公」という言葉で晴らしていました。愛人を使用人扱いすることで、主人の妻との「格の違い」を見せつけていたのです。遊廓通いを「遊び」と割りきり、めかけも「使用人」として自分より下等なものとしてさげすみ、その上に君臨し家を守ることで、彼女たちは自分のプライドをかろうじて守っていたのでしょう。この構造の中だからこそ、男は堂々と「外で遊び、めかけを囲う」ことができたのです。

でも、おさんは違いました。

新しい女・おさん

おさんは小春への手紙（227ページ参照）の中で、「同じ女同士」という言葉を使っています。天下の台所大坂で手広く商売をする紙屋の奥さまが、たかが遊女の小春を自分と同等に扱っている。世間的に身分の低い人間に対し、「同じ女性同士」「同じ男を好きになった者同士」などと考えられる人は、現代であってもひと握りです。

たとえ口ではそう言っていても、実際におさんのような目にあったら、「あなたと私は対等」などと、とても言えるものではありません。

この考え方は、何人もの女性と同時恋愛する男性にとって衝撃的な事件といえましょう。「本妻」と「めかけ」という〝異なる種類〟の女だからこそ、男はどちらも得ることができました。「私は正式な妻」「本当に愛されているのは私」などといがみ合い、競い合うからこそ、男は両方をうまく操縦できるのです。でも、本妻が愛人を「女性＝自分と同じ立場」と考えてしまうと、治兵衛は「女性」という1つの枠からどちらかを選ばなくてはなりません。


——おさんか、小春か。

——家か、愛か。


「いや俺、おさんも小春も、どっちも好きなんスけど」というスタンスは、もはや許されなくなります。

「貞女の鑑」あるいは「男にとって都合のいい女」と思われたおさんは、実は世間に流されることのない、自分自身の考えをしっかり持った「新しい女」だったのです。

小春が自分との約束を守り、黙ってつらい偽りの愛想尽かしをしてくれたように、今度は小春の気持ちを大事にしなければ。たとえ自分の立場が不利になっても……。

もちろん、おさんも人間。夫に知られないうちに愛人の小春に手紙を送って手を切らせようとしたし、小春を思って泣く夫に「あんまりだわ、私だって女なのよ！」とブチ切れもした。こういう嘆きが彼女の「心の叫び」だとすれば、「女同士の義理が立たぬ」「女が男を愛する気持ちには違いがない」というのは、一人の人間としてぶれずに生きるため、おさんが大切にしていた「心意気」ではなかったでしょうか。

おさんのすごいところは、夫に「自分か小春か」の一択を突きつけただけでなく、自分も「本妻」というアドバンテージを捨てた潔さです。おさんは治兵衛が好きだし、最後まで別れたくない。でも、「本妻だから一緒にいる」では満足できない。愛してほしいのです。一人の女として、自分を選んでほしいのです。

では、小春はどうだったのでしょう？

第十話　心中天網島　下「名残《なごり》の橋《はし》づくし」

自分で決めた道だから

～小春の死とそれからのおさん

治兵衛が小春を請け出しに行こうと思ったそのとき、おさんの父親の五左衛門《ござえもん》がやってきて、治兵衛に離縁せよと迫ります。おさんは「治兵衛さんが好き。離婚したくない！」と拒否しますが、五左衛門の意志は固く、泣く泣く家を後にします。小春の身請けのためにおさんが工面した金も、「嫁入りのときに持たせた持参金として引き取る」と持っていく五左衛門。

もはや治兵衛に残された道はただ一つ。小春を連れて死出の旅へと向かいます。

「名残の橋づくし」は、心中する治兵衛と小春が死に場所を求めさまよう様子を描いた道行《みちゆき》です。心中の道行といえば、「この世の名残、夜も名残」で始まる『曽根崎心中』の道行（60ページ参照）が有名ですが、『心中天網島』の道行は、二人が通る橋の名を織り込む「橋尽くし」でつづる趣向の名文。

そして最も特徴的なことは、二人一緒に死に場所を探しながら、結局別々のところで死ぬという点です。心中なのに別々に死ぬ……いったいなぜ？

「そなたも殺して我も死ぬ」という治兵衛に対し、小春は「ちょっと待って」とたしなめます。

わたしが道〻思ふにも二人が死顔並べて。小春と紙屋治兵衛の心中と沙汰あらば。おさん様より頼みにて殺してくれるな殺すまい。

挨拶切ると取交《とりかわ》せしその文を反古《ほうぐ》にし。大事の男をそゝのかしての心中は。さすが一座流れの勤《つとめ》の者。義理知らず偽り者と世の人千人万人より。おさん様一人の蔑《さげし》み。恨み妬《ねた》みもさぞと思ひやり。未来の迷《まよひ》は是《これ》一つ。

小春は死ぬ間際まで、おさんへの義理を気にかけていたのでした。

「いったんは別れると約束をしたのに、それを破ってあなたを奪い、心中することになってしまった。やっぱりこういう女は義理知らずなんだ、遊女相手に約束なんてするんじゃなかったとは言われたくないの」

恋する男にさえ「犬」「畜生」とそしられるような遊女の身。そんな自分を大店の奥さまの、それも恋敵であるおさんは「同じ女」と認めてくれた。それがうれしい、誇らしい。

だから心中するにしても、「心中した」と思われないように別々に死のうと提案するのでした。それが小春の、対等に扱われた一人の女性としてのプライドだったのです。

どこで死んでも魂は一緒

しかーし！　治兵衛はどこまでも能天気。

「あいつには気兼ねしなくていいんだよ。おさんとはもう離縁したから他人同士。あの世では、おまえこそが妻だから」

……って、おい、治兵衛！　さっき家で五左衛門に対し、「これからは身持ちもよくしておさんを幸せにしますから、離婚だけは勘弁してください」って頼んでたじゃないの！　舌の根の乾かぬうちに、とはまさにこのこと。目の前の女にだけ都合のいいこと言って、今まで世間を泳いできたのね！　死ぬ間際になってもコイツの調子のよさは直らない！

それに対して小春はきっぱりと言い放ちます。

サア其の離別は誰が業《わざ》、私よりこなさん猶《なお》愚痴な。

体があの世へ連立つか。

「離縁は私のせいだから。その私が別々でいいって言ってるんだから、いいのよ、もう。どこで死んだって同じ。たとえ別々の場所で死んでも、肉はたとえカラスにつつかれても、私とあなたの魂はどこまでも一緒。地獄でも、極楽でも、あなたとならどこでも行く。さあ連れていってちょうだい！」

1ミリもぶれない小春の決意。なんてオトコ前なのでしょう。

小春も「新しい女」だった

「あなたに刃《やいば》で殺してもらうから、私はひと思いに死ねるけれど、残されたあなたは後から自分で首をくくって死ななければならない。さぞ苦しい思いをすることでしょう……」

これから死のうというときに、どっちが痛いの苦しいのなんて、はたから見れば噴飯ものかもしれません。でも、本当に死のうと思っているからこそ、痛い苦しいが現実味を帯びるのです。

上巻「河庄の段」の冒頭から、小春は「自分で死のうと思ったら、首をくくるのと喉をかっ切るのと、どちらが痛いかしら」と言っていました。小春の死出の覚悟はもう最初から決まっていたのです。あとは「どう死ぬか」のみ。おさんの手紙があってもなくても、治兵衛に金がつくれなければすべては終わる。大嫌いな太兵衛のものにはなりたくない小春にとって、道は「死」しかなかった。そんな秘めた思いを、「小春が太兵衛の身請けを承諾した」という一報だけで察したおさんは、小春の人生の最後に現れた最高の理解者だったといえるのかもしれません。

売り物買い物と卑下された最下層の女・小春は、自分のことを何一つ決められない立場にありました。それでもこの恋だけは渡すまい、魂だけは汚すまいとした。世間の決まりごとや常識にねじ伏せられまいと、自分の思いを全うしようとした小春もまた、おさんと同じ「新しい女」だったのではないでしょうか。

リアルな「死」は美しくない

とはいえ「死んで花実が咲くものか」。安易に「死んでやる!」と思い詰める人々に対し、近松は小春と治兵衛の末路をグロテスクに描いて警鐘を鳴らしています。

まずは小春。「刃で殺してもらう私は、ひと思いに死ねる」と思っていたけれど、現実はそんな甘いものではありませんでした。「行くぞ」と言いながら、治兵衛の目は涙に曇り、刀を持った手もブルブルと震えが止まりません。


ぐっと刺され引据えても伸返《のりかえ》り。七顛八倒こはいかに切先咽《きっさき》の笛をはづれ。死にもやらざる最期の業苦共に乱れて。苦しみの。
気を取り直し引寄せて。鍔元《つばもと》まで刺通したる一刀。
剜《ゑぐ》る苦しき暁の見果てぬ夢と消果《きえは》てたり。

めった刺しにしてようやく愛する女を殺した治兵衛は、悄然《しょうぜん》として死体に羽織を着せると、小春の帯を手に水門の上に立ちます。約束どおり、二人一緒には死なない。水門の一部にくくりつけた帯を自分の首に巻きつけ、声を限りに念仏を唱えながら、「えい！」とばかりに飛びおりるのでした。

樋《ひ》の上より。一連托生南無阿弥陀仏と踏外し暫《しばし》苦しむ。
生瓢《なりひさご》風に揺らるゝ如くにて。
次第に絶ゆる呼吸の道、息せきとむる樋の口に。此の世の縁は切果《きれは》てたり。

ヒョウタンの実が風に吹かれるように、苦しむ治兵衛の体はぶらんぶらんと揺れています。苦しいのでしょう。もがくうちに息が小さくなって、やがて動かなくなるのでした。

小春と治兵衛は苦しみもがいた末、水門の上と下で死に、死体は無残にさらされました。一つ所で同時に死ななかった二つの魂は、はたして来世で一緒になれたのでしょうか。

また、夫の命だけは助けたい、小春も自分のせいで死なせるわけにはいかない、と奔走したおさんは、そのすべての願いが果たされませんでした。生も死もリアルに描く近松の筆致は冷徹で、残酷ささえ漂うほどです。

早すぎた近松の「女性像」

本妻ながら、遊女を自分と「同じ女」として対等に扱ったおさん、そのおさんの心意気に義理を立て、心中なのに別々に死んだ小春。これらは、当時の女性観とはかなりかけ離れたものだったことでしょう。当時の観客にはあまり受け入れられなかったようで、初演はあまりヒットしませんでした。その代わり、キャラクターや枠組みだけが利用され、もっとわかりやすくウエットな芝居が生まれ、そちらのほうがもてはやされたのです。

「紙屋内」の別バージョン「時雨《しぐれ》の炬燵」【注20】では、五左衛門が財産ごとおさんを実家に連れ帰った直後に、小春がやってきます。太兵衛に身請けされるのをいやがって、治兵衛のところに逃げてきたのでした。

都合のよいことに、おさんを連れて行った五左衛門は「昔、治兵衛に助けられたことがあるから」と、身請けに必要な金をそっと残していっており、置き手紙には「おさんは出家させる。おまえは小春と一緒になりなさい」っていう、大盤ぶるまい！　何これ？　の展開です。

でも、これじゃハッピーエンドですよね？「心中」天網島なのに、心中なしですか？

そこで、敵役・太兵衛の登場です。逃げ出した小春を追ってきた太兵衛を治兵衛は殺してしまい、「もう死ぬしかない」……これでなんとか心中の場面へはつながりましたが、心中の理由が全然違います。

「身請けの金がない」から「金はあるけど殺人を犯した」へ。金があるのだから、まず小春を請け出して自由の身にして、それから自分は自首する、という道もあった。捕まった治兵衛が死罪になったら、小春は出家して菩提《ぼだい》を弔う、という終わり方もあった。

しかし、それは「近松」ではありません。『曽根崎心中』の徳兵衛も、『冥途の飛脚』の忠兵衛も、近松の心中ものが愚かしくも恐ろしく、そして哀れなのは、「金のために死ぬしかなくなる、それ以外の道はどこにもない、という八方ふさがりの状況が、身につまされるからなのです。なにより、「パパがお金を出してくれた」では、すべてを投げ出したおさんの心意気、それでも救えなかった治兵衛と小春の命という二重の悲劇は放り出されてしまいます。

近松は、お手軽なハッピーエンドで観客を甘やかしません。真実を突きつけ、どこまでも容赦がないのです。その厳しさは、娯楽を求めてやってくる江戸時代の人々にとって、ときに息苦しく感じられたことでしょう。そして、現代に生きる私たちの感性もまた、近松によって試されています。

「全財産を投じてめかけを救おうとする本妻」という設定は、現代においても非現実的。現代でも、三角関係になれば二股をかけた男性でなく、愛人の女性を憎んだり傷つけたりするのがお定まり。愛人も、前妻を蹴落として本妻に収まった途端、また次の愛人に悩まされたとしても、憎悪の矛先は新しい愛人へ。「本妻が、自分の立場を危険にさせるめかけに対してそこまでするか？」は、確かにすんなり理解できない命題です。

なぜ私たちは、「同じ女性」なのに、いがみ合わなければならないのでしょう。

女性たちよ、「愛する」道で自ら輝け！

「元始、女性は実に太陽であった。真正の人であった。今、女性は月である。他に依って生き、他の光によって輝く、病人のやうな青白い顔の月である。」

——これは明治44年（1911年）、平塚らいてうが雑誌『青鞜《せいとう》』に掲げた言葉です。男子でさえまだ普通選挙が行われていなかった時代、女性が男性の従属物であると思い込まされていた時代に、らいてうはこの言葉を掲げました。

今、私たちは男女平等が保障された社会に生きています。それでも、長い間の男性上位社会で積み重ねられた「ガラスの天井」はなかなか打ち破れません。なにより、私たち女性の心の中に「他の光によって輝く」ことが女性の美徳であるという刷り込みがあるのです。らいてうより恵まれた時代に生きながら、私たちはまだ「真正の人」になりきれていないように思います。

それに対しおさんは、封建的な社会システムの中にあっても「治兵衛の本妻」という月の立場で光り輝くことより、太陽として、自分の価値観で自ら輝く道を選びました。小春を救ったのは「男の妻として」ではなく「一人の人間として、女性として」。もちろん、治兵衛のことは心から愛していましたが、彼の本妻として「愛される」ことよりも、一人の女性として「愛する」ことを全うしようとした女性なのです。

おさんは、治兵衛に愛人ができたとき「真正の人」として覚醒した。今から300年前、らいてうの『青鞜』から数えても200年も前に、男性である近松門左衛門が「太陽」としての女性の生きざまを描ききっていることに、私は心底感服し、感動を覚えずにはいられません。

それからのおさん

冒頭（224ページ参照）に述べたように、『心中天網島』は実際に起こった心中事件をもとに描かれています。実在のおさんは夫の一周忌後、子どもを実家に預けて出家したとのこと（こういう事実が『時雨の炬燵』に取り入れられているのでしょうね）。晩年は安養寺の尼僧として主に女性たちの悩みの相談相手を務め、多くの信者に慕われたそうです。宝暦9年（1759年）に没し、墓は今も大阪市西成区の安養寺にあります。

近松作品ゆかりの地案内には、「尼になってから亡くなるまでの40年、おさんは夫の菩提を弔った」とありますが、どんな気持ちで「菩提を弔って」いたのか、すごく気になります。物語の中のおさんは「新しい女」でしたが、実際のおさんは治兵衛を許したのか？　小春を許したのか？　40年間念仏を唱えながら、恨み言を言いたい衝動と闘い続けた、という可能性もあるんじゃないか？

子どもまで手放して仏門に入るとは、実際のおさんの苦悩は深く、出家もよほどの決意だったに違いありません。そう、出家とは死ぬこと。世俗のしがらみから自由になること。ひとり寝の寂しさも、浮気される苦しみも、金繰りに困るつらさも、煩悩という煩悩を捨て尼になったおさん。彼女には「子どものために再婚する」という選択肢もなかったのでしょうか？　たとえ子どものためであっても、男にかしずく人生なんて、もうコリゴリだったのかも。

女性たちは、彼女が「夫に心中された女」だと知って悩みを相談しに来たのでしょうか。彼女がどんな説教をしていたのか、聞いてみたくなります。日が経つにつれ痛みは薄らいで、「いや〜、うちの人、いい男だったんよ。だからモテてモテて」などと笑って話せるようになっていたのかもしれません。でもやっぱり大坂のおばちゃんらしく、「男の浮気、許したらアカン。図に乗るだけや。女同士、手を組んででも懲らしめな」と言っているような気がします。

【注20】安永7年（1778年）、近松半二作の『紙屋治兵衛』をもとに、後年改作され定着したもの。歌舞伎舞台では、「天満紙屋内」より「時雨の炬燵」のほうがよく上演される。

人生の転機に訪れた色恋の花火

網模様燈籠菊桐《あみもようとうろうのきくきり》「夕立《ゆうだち》」

突然の夕立。駕籠《かご》かきたちは雨宿りのためその場を離れ、置き去りの駕籠の中には上臈《じょうろう》・滝川。彼女は激しい雷の轟音《ごうおん》に驚き、気を失ってしまった。

そこへ、盗賊の小猿七之助がやってきて、無言で駕籠の中をのぞくと、この機を逃さず、女をモノにしようとする。意識を取り戻した滝川は匕首《あいくち》で脅され、近くの茶屋に引きずり込まれて操を奪われてしまうのだった。

茶屋から出てきた彼女は、なんと女房にしてくれと七之助に頼み込む。上臈という職を捨て、盗賊の女房として生きようと決めた彼女の胸中は？

◇

これって、ストーカーがナイフで脅して拉致してレイプする〝女フミツケ〟の物語。そのうえ、被害者の女性が加害者を好きになるという、「ヤっちゃえば女はなびく」を絵に描いたような話です。だから、女性である私が、それも男女平等と女性の自立を尊重するフェミニストたる私が、こんなセクハラおやじが喜びそうな妄想話に〝感動〟なんかしてはイケナイ、のですが……。

私がこの舞台を観たときの小猿七之助は尾上菊五郎、滝川は中村時蔵。菊五郎の「壁ドン！」的なドSの匂い、覆いかぶさってこられる滝川のドキドキ感が、客席まで伝わってくる官能ほとばしる一場でありました。

ここで私が注目したいのは、なぜ滝川は七

之助についていこうと思ったのか〟です。

　武家のお屋敷では、使用人同士の自由恋愛はご法度、たとえ独身同士でも〝主への不義〟として禁じていました。奥女中の滝川は幼いころからの屋敷勤めで上臈にまで出世したという設定。ですから庶民に比べればぜいたくな暮らしをしていたとはいえ、精神的には女軍隊、あるいは女子刑務所みたいな生活を、親からも離れ、ずっと続けてきたということになります。

　若いときは仕事いちずもいいでしょう。でも30歳を過ぎ、40歳が目前に迫ると、一度も恋ができなかった人生に、ふと振り返ってむなしさが感じるって、今でも共感できるお話ではないでしょうか。

「私の中の女って、このまま花開かずに朽ちてしまうのかしら……」

　半ば人生をあきらめていたような滝川に、ある日突然降ってわいたように現れた〝色恋〟の花火！

　夕立、雷、いきなりクライマックス！

　鈍く光る匕首《あいくち》で迫るのは、水も滴るいい男、それも、今まで接したことのない、野性味あふれる……。

　人生は一度だけ。滝川は、自分を変えたかったのかもしれません。昨日のような明日しか来ない生活から逃げ出したかったのかも。

　性暴力はいけません。でも滝川の決断には、新しい世界に船出しようとする解放感があふれています。悲劇もポジティブに捉え、プラスに転じていく、そんな昔の女性のたくましさを見せられたような爽快感がありました。

第十一話　妹背山婦女庭訓《いもせやまおんなていきん》

全力で恋する女は美しい

～お三輪と橘姫

『妹背山婦女庭訓』は明和8年（1771年）初演、近松半二らが書いた作品。「大化の改新」（「乙巳《いっし》の変」）を描いた歴史大河ロマンです。大化の改新といえば645年。重要人物は、中大兄皇子（後の天智天皇）、中臣鎌足《なかとみのかまたり》（後の藤原鎌足）、そしてこの二人に討たれるのが、蘇我入鹿。こうした実在の人、全員登場します。

でも歌舞伎でよく上演されるのは、彼らが全く出てこない四段目【注21】。この段の主人公は、なんと酒屋の娘です。当時から見ても1000年以上前の政治的事件と、江戸時代の杉酒屋の娘というシュールな取り合わせですが、この段が最も愛され、今も繰り返し上演されています。人気の源は「三角関係」「禁断の恋」、そして「無償の愛」。これらは、いつの時代も人々の心をわしづかみにします。

酒屋の娘と謎の美女、絶対譲らぬ恋の行方

今日は七夕。若い衆総出でお三輪《みわ》の家である杉酒屋の井戸替えをしています。近所の住人は皆この井戸のお世話になっているので、年に一度、井戸の底にたまったゴミや泥を総ざらえするのは、共同体の大事な行事でした。

ところが、その井戸替えに参加しない者がいる。最近移り住んできた烏帽子折《えぼしおり》【注22】の求女《もとめ》です。不満でいっぱいの若い衆たち。でもお三輪は全然気にしません。だって求女に首ったけ！　イケメンだし、どことなく都会の匂いがしてほかの男とはひと味違います。井戸替えなんて泥臭いことは、似合わない。そんなことより、今度のデートはいつかしら？

「お三輪ちゃんは求女に甘いんだから。でもさっき、きれいな女の人が求女の家に入っていったよ」

（誰？　私という恋人がいるというのに……）

不審に思ったお三輪は求女を呼びつけて問いただします。すると、その女性もついてくるではありませんか！

お三輪「この女、誰？」

求女「し、仕事だよ。巫女さん。烏帽子の注文に来たんだ。ね、ね、そうだよね？」

美女「求女さま、この女中は下働きか何かでしょうか？」

求女「アノ、これはその、この酒屋の娘さん」

美女「なるほど、お隣さんですね。でもさっきから見ているとかなり親しそう。どんなご用で呼ばれまして？」

お三輪「もし巫女さんとやら。私、求女さんにたーくさん用があるんです。あなたのお世話になんかならないわ。帰って！」

美女「あなたこそお帰り」

お三輪「いやよ、帰らない！」

煮えきらない求女の腕を、二人は互いに引っ張って離しません。そこへお三輪の母親が帰ってきます。謎の女性は薄衣《うすぎぬ》を被り、逃げるようにその場を離れます。女性の後を追う求女、そのまた求女を追うお三輪。……この追っかけ順でいくと、お三輪ちゃん劣勢？　深追いしちゃって大丈夫ですか？

恋は仕勝ちよ我が殿御

岩戸隠れし神様は、誰と寝《ね》ねして常闇《とこやみ》の、夜夜毎に通ひては
また帰るさの、道もせ気もせそれも何故《ゆえ》
恋故に、やつるゝ所体恥づかしと、面影隠す薄衣《うすぎぬ》に、包めど香り橘姫……
（「道行恋苧環《みちゆきこいのおだまき》の場」冒頭）

謎の美女は橘姫といいました。求女は女の素性を知らぬまま後を追います。その求女をお三輪が追う。三人が鉢合わせ、恋のバトル2回戦が始まります。
お三輪「私というれっきとした恋人がいるのに、断りもなしに求女さんにほれるとは、なんてお行儀が悪いの？『女庭訓』とか『しつけ方』とか読んで、女と

してのたしなみをちゃんと勉強しなさいよ」

「女庭訓」とは、江戸時代の女子修養書、今でいえば「小笠原流マナー本」とか「女性の品格」みたいな本といえましょうか。しかし、姫も黙ってはいません。恋のライバル・お三輪に何を言われても絶対に引かない。

イヤそもじとてたらちねの、許せし仲でもないからは、恋は仕勝よわが殿御

「あなただって、親が許した公式な婚約者じゃないでしょ。だから勝負は決まってない。恋はしたもの勝ちよ、そうよね、求女さま」

「恋はしたもの勝ち」ですか、橘姫すごい。実力行使&既成事実ですね。一方、ストレートに迫るのは、お三輪ちゃんも同じ。求女の袖をつかんで離しません。けっこう物腰もキツいし、彼女こそ、『女庭訓』とか『しつけ方』、読んでいるのでしょうか？

お三輪「求女さんは私のものよ！」

橘姫「いいえ私よ！」

女対女の激しいバトルに、求女くんがドン引きしないといいですが……。

そのとき、ゴーン、と鐘の音。姫は急に走り出します。

求女「どこへ帰るんだ?」

去っていく姫の袖に、求女は苧環【注23】の赤い糸をつけ、糸をたよりに再び後を追います。その求女の裾に、白い糸。お三輪がつけて後を追う。「恋は仕勝ち」と言った謎の女性は、いったいどこの誰だったのでしょう?

愛してもらえるはずのない身の上

求女は赤い糸を手繰って姫の屋敷、つまり蘇我入鹿の屋敷に到着し、彼女が蘇我入鹿の妹・橘姫であることを知ります。そして求女も烏帽子折は仮の姿、実は中臣鎌足の子・淡海《たんかい》でした。思い出してください。これは「大化の改新」がモチーフの大河ロマン。蘇我氏と中臣氏は敵同士です【注24】。

入鹿は天皇をないがしろにし、政権を乗っ取ってわが物顔。淡海は打倒入鹿のために、烏帽子折に身をやつして潜伏していたのです。

されば恋する身ぞ辛や。出づるも入るも忍ぶ草。露踏み分けて橘姫……

（「姫戻りの場」より）

兄の敵・淡海と知りながら、橘姫は求女に心を奪われました。（入鹿の妹と知られたら、きっと嫌われてしまう。それでも会いたい、愛されたい！）それで身分を隠して求女のところに通っていたのです。敵に素性が知れて困るのは、求女も同じこと。さっきまで「君の名は？」状態で姫を追いかけていたのに、求女（淡海）は政権奪回という大仕事を前に、非情を貫きます。

淡海「ふびんだが、死んでもらうしかない」

橘姫「あなたのお手にかかれば本望よ。未練が残る、早く殺して！」

姫の覚悟を見た淡海は、兄の入鹿を裏切って宝剣である十束《とつか》の剣を持ち出せば、一緒になろうと約束します。

それに対して橘姫は……。

ア丶是非もなや。悪人にもせよ兄上の目を掠《かす》むるは恩知らず、
とあつてお望み叶へねば夫婦と思ふ義理立たず。
恩にも恋は代えられず、恋にも恩は捨てられぬ。
二つの道にからまれし、この身は如何《いか》なる報いぞ。
オ丶さうぢや。親にもせよ兄にもせよ
わが恋人の為といひ、第一は天子の為、命に懸けて為果《しおお》せませう

肉親と恋、どちらを捨ててどちらを取るのか？

橘姫は苦しんだ末に、「どちらのためでもない、天皇のため、ご正道のために命をかけよう」と自分を納得させます。でも姫にはもう一つ、心配がありました。

「若し見付けられ殺されたら、これがこの世のお顔の見納め。たとへ死んでも夫

婦ぢやとおつしやつて下さりませ」（橘姫）
「オヽ運命拙《つたな》く事顕《あらは》れ、その場で空しくなるとても、尽《じん》未来際《ざい》変はらぬ夫婦」（淡海）
「エヽ忝《かたじけな》い、嬉しや」（橘姫）
と抱《い》だき締めたる鴛鴦《おしどり》の番《つが》ひし詞　縁の綱、引き別れてぞ忍ばるゝ

「尽未来際《じんみらいざい》」とは、これから先ずーっと、という意味です。つがいのオシドリのように、ひっしと抱き合う橘姫と淡海は、敵同士といってもロミオとジュリエットみたいに心の底から愛し合っていたんですね。

じゃあ、お三輪ちゃんは？　なんか、二人の間に割って入る隙間、なさそうなんですが……。

かわいそうすぎるお三輪

そんなこととはつゆ知らず、白い糸を追いかけてお三輪がやってきます。彼女は「藤原淡海」なんて人は知りません。烏帽子折の求女と契りを交わしました。そして自信

『妹背山婦女庭訓』人物相関図

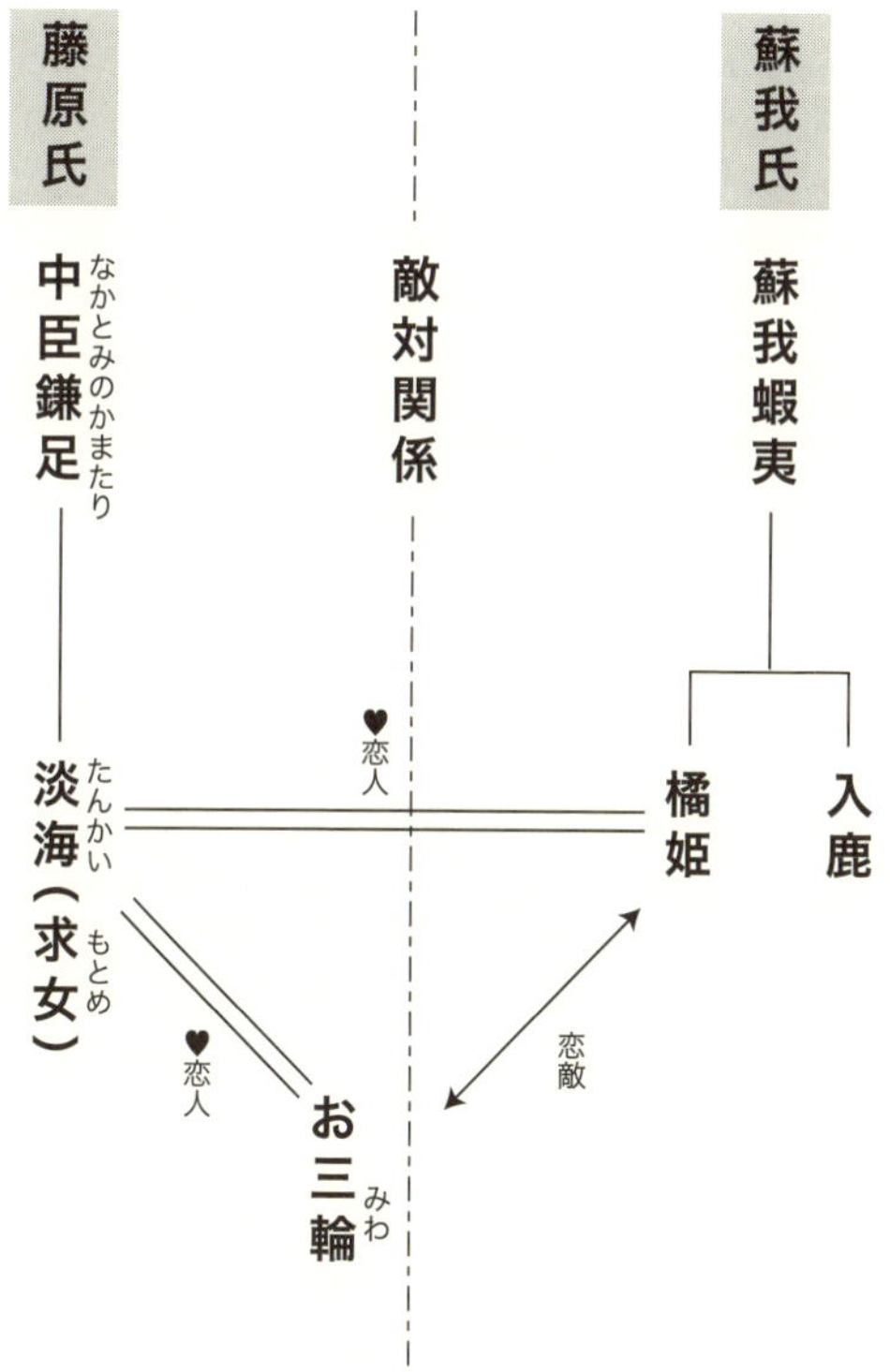

満々で「彼は私の男」と思っています。

その求女が、ほかの女の後を追いかけてる！　嫉妬に狂うお三輪ちゃん。迷い込んだのは入鹿の御殿、つまり恋敵《こいがたき》のホームグラウンドです。だから女官たちは全員、姫の応援団。

「こんな田舎娘が姫さまの恋敵だなんて、許せない！」「お姫さまと張り合うとは」「大胆女のしつけをしよう」とばかりに、女官たちはさんざんお三輪をいじめ抜きます。そのうえ、女官たちが言うには、求女とここの姫とは内祝言をするという！

「男は取られその上にまだこの様に恥かゝされ（後略）」

と袖も袂も喰ひ裂き〳〵、乱れ心の乱れ髪。口に喰ひしめ身を震はせ、

「エヽ妬ましや、腹立ちや、おのれおめ〳〵寝ささうか」

（「金殿の場」より）

悔しさと恥ずかしさ、そして嫉妬に狂ったそのとき、お三輪は突然出てきた男にブスッと刺されてしまうのです。そしてその男は言う。

女悦《よろこ》べ。それでこそ天《あ》つ晴《ぱ》れ高家《こうけ》の北の方

お三輪でなくてもみんな知りたい、なぜお三輪の死が「あっぱれ」なのか？

そして この男、誰？

お三輪は利用されただけ？

蘇我入鹿という圧倒的に強い敵を倒すためには、二つのアイテムが必要でした。一つは「入鹿」だけに「鹿」の血。そしてもう一つが、「疑着《ぎちゃく》の相《そう》」の女の血。疑着の相とは、嫉妬深い形相の意味で、嫉妬に狂って鬼のような顔つきになったところを刺し殺し、お三輪の血を採って鹿の血と交ぜて、打倒入鹿の必殺武器にしようというわけです。お三輪を刺したのは、鱶七《ふかしち》という淡海の家来でした。

じゃあ淡海は、入鹿を殺すためにお三輪と契ったの？　わざと嫉妬に狂わされたの？　もしお三輪ちゃんが嫉妬深い娘じゃなかったら、ほかの子にしていたの？

お三輪ちゃん、かわいそうすぎる！　でも彼女は、それでも求女を愛し続けます。

「ナウ冥加《みょうが》なや勿体《もったい》なや。いかなる縁で賤《しず》の女がさうしたお方と誓しでも、枕交はした身の果報、あなたのお為になる事なら、死んでも嬉しい忝《かたじけな》い。とは言ふものゝいま一度、どうぞお顔が拝みたい。

たとへこの世は縁薄くと、未来は添ふて給はれ」

「この主様には逢はれぬか、どうぞ尋ねて求女【注25】様。もう目が見えぬ、なつかしい、恋し〳〵」といひ死にゝ、思ひの魂の糸切れし。

さっきの橘姫と比べてみてください。同じ「あなたのためなら死んでもいい」ですが、死を覚悟した橘姫の隣には淡海がいました。そして、ひっしと抱き合うことができました。お三輪の隣には見も知らぬ男・鱶七。お三輪の「いま一度、どうぞお顔が拝みたい」という叫びにも、「未来は添ふて給はれ」という願いも、求女の耳には届かないし、届いたって報いてやりません。

鱶七は「それでこそ、あっぱれ高家の北の方（尊い家柄の奥方）」と言いましたが、淡海は橘姫に「尽未来際」添い遂げる、と約束してましたよね。だから奥さんは、死んだ後でも橘姫。お三輪、殺され損です。

『妹背山婦女庭訓』は、鎌足・淡海親子が入鹿を倒して天智帝の世にするために、どれだけ多くの犠牲が必要だったかを描いたドラマです。全段を通じ、たくさんの人が不幸になりますが、中でもお三輪の死は一つも報われない。哀しすぎます。

恋は思案の外

最後に淡海を射止めたのは、橘姫でした。

「やっぱり大豪族の娘は別格だよね」と思いがちですが、彼女は「お姫さま」だったから勝ったのではありません。「入鹿の妹」であることは、二人の恋の妨げでしかなかった。橘姫は、淡海が兄の宿敵であると知りつつ、それでも好きになってしまいました。

一方淡海は、彼女が入鹿の妹と知らずに好きになっていました。お三輪ちゃんだって、高貴な人と知って淡海に憧れたわけじゃない。しがない烏帽子折の求女を愛しました。「恋は思案の外《ほか》」とはよく言ったもの。人は所属する国や民族、身分も家も飛び越えて、一人の人間を人間として好きになるのです。

「金殿（三笠山御殿）の場」はお三輪ちゃんが主人公なので、橘姫にあまり注目が集まりませんが、お三輪に負けないくらい橘姫の恋心が際立って、初めて拮抗《きっこう》したライバル関係が見えてくるのです。

彼女の愛情の濃さは、「疑着の相」のお三輪ちゃんに匹敵すると私は思っています。それは、王女メディアをほうふつとさせます。

『王女メディア』はエウリピデスの作品で、ギリシャ悲劇の中でも子殺しを平気でする女として悪名高い女性ですが、橘姫と似ているのは、結婚する前、夫・イアソンとのなれそめの部分です。メディアはコルキスという国の王女でした。黄金の羊の毛皮を取り返しに来た他国人のイアソンにひと目ぼれし、父王を裏切って味方します。イアソンとともに逃げる過程で実弟をも殺し、故国を後にしたのです。

親族を裏切ってまで命がけで恋人への愛を貫いたところは、橘姫にそっくりですね。彼女は、ただのお飾りのお姫さまではありません。どくどくと、赤い血がたぎる生身の人間。「姫戻りの場」は、橘姫が全身全霊で淡海に愛を告白し、その愛を貫こうと決意する凝縮されたラブシーンです。

全力で恋せよ乙女！　が「婦女庭訓」

明和8年（1771年）に作られてから約250年。全五段の大歴史劇は、今やほぼ三角関係恋愛バトルだけが抽出されて親しまれています。大化の改新という歴史上の大事件を扱った物語に『妹背山婦女庭訓』という名をつけた近松半二らは、エンターテインメントに恋は不可欠で、とりわけ女性が活躍する物語は観客に愛されることを知っていたのでしょう。

橋本治は著書『浄瑠璃を読もう』の中で、「『女庭訓《おんなのいきかた》』は残酷である。『愛する男と添い遂げたかったら、男にそっぽを向かれていても、相手を信じて死んで行きなさい』と言っている」と述べています。

でもそんな「女性に冷たい」お話だったら、こんなに人気演目にはなっていないと思います。

「女庭訓」についていえば、

・「人の恋人を無断で取ってはいけません」

・「身分相応の人と結婚しなさい」
・「女は男のために死んでいきなさい」
などというお題目は、橘姫にもお三輪にも全く響いていないではありませんか。

近松半二らは、ライバルをなぎ倒してまで好きな人を奪っていく二人の、恋する女のエネルギーをこそ、あっぱれな真の「婦女庭訓（女の生き方）」として現代に伝えているように思います。確かに二人は死をも覚悟しますが、それは「男」のためじゃない。「自分の恋を全うする」ため。自分の気持ちに正直な彼女たちは、現代の私たちにとって「恋する勇気」をくれるヒロインなのです。

嫉妬に狂った「疑着の相」だって美しい！　二股男でも、愛し続けるお三輪ちゃんがけなげ！

橘姫が、毎夜毎夜好きな人の家まではるばる通う気持ちもわかる、「あなたのためなら何でもする！」と親も兄弟も捨てる覚悟も、わかる！

『妹背山婦女庭訓』は「全力で恋する女は美しい。恋せよ、乙女！」の応援歌です。

【注21】四段目の中でも、「杉酒屋の場」「道行恋苧環の場」「姫戻りの場」「金殿（三笠山御殿）の場」がよく演じられる。

【注22】烏帽子を作る職人。

【注23】糸巻き。七夕の祭りには、牽牛織女の織女にちなんで苧環（＝左写真）を飾った。

【注24】史実では、中臣鎌足が中大兄皇子とともに蘇我入鹿を討ち果たし、中大兄皇子は天皇（諱号・天智天皇）に、中臣鎌足は藤原姓を賜って藤原鎌足と名乗った。淡海は鎌足の息子の名。正確には一世代時代がずれているが、この物語の中では淡海が入鹿と敵対し、討とうとしている。

【注25】文楽では求馬《もとめ》だが、混乱するため「求女」で統一した。

本書で取り上げた歌舞伎作品一覧

	作品名	原作者名	初演年	本書で取り上げた段名または通称	本書で取り上げた主な登場人物	掲載ページ
第一話	東海道四谷怪談《とうかいどうよつやかいだん》	鶴屋南北	文政8年（1825年）		お岩／民谷伊右衛門／四谷左門	008
				三角屋敷	お袖／直助／佐藤与茂七《よもしち》	028
第二話	怪談《かいだん》・牡丹燈籠《ぼたんどうろう》	三遊亭圓朝《えんちょう》	明治25年（1892年）		お露《つゆ》／萩原新三郎	038
					お峰《みね》／伴蔵《ともぞう》	045
					お国／宮野辺源次郎／飯島平左衛門	051
第三話	曽根崎心中《そねざきしんじゅう》	近松門左衛門	元禄16年（1703年）		お初／徳兵衛／九平次	060

第四話	仮名手本忠臣蔵《かなでほんちゅうしんぐら》	二代目竹田出雲 三好松洛 並木千柳	寛延元年（1748年）	大序～四段	顔世御前《かおよごぜん》／高師直《こうのもろのう》／塩冶判官《えんやはんがん》／大星由良之助《おおぼしゆらのすけ》	081
				三、六、七段	おかる／早野勘平／おかや／大星由良之助／寺岡平右衛門	102
第五話	女殺油地獄《おんなごろしあぶらのじごく》	近松門左衛門	享保6年（1721年）		お吉《きち》／与兵衛《よへえ》／七左衛門／お沢／徳兵衛	130
第六話	一谷嫩軍記《いちのたにふたばぐんき》	並木宗輔	宝暦元年（1751年）	熊谷陣屋《くまがいじんや》	相模《さがみ》／藤《ふじ》の方《かた》／熊谷直実《くまがいなおざね》／源義経	146
第七話	彦山権現誓助剱《ひこさんごんげんちかいのすけだち》	梅野下風 近松保蔵	天明6年（1786年）	毛谷村《けやむら》	お園《その》／六助	169
第八話	信州川中島合戦《しんしゅうかわなかじまかっせん》	近松門左衛門	享保6年（1721年）	輝虎配膳《てるとらはいぜん》	越路《こしじ》／唐衣《からぎぬ》／お勝《かつ》／長尾輝虎／直江兼続《かねつぐ》／山本勘介	188
第九話	新版歌祭文《しんぱんうたざいもん》	近松半二	安永9年（1780年）	野崎村《のざきむら》	お光／お染／久松	205

	作品名	原作者名	初演年	本書で取り上げた段名または通称	本書で取り上げた主な登場人物	掲載ページ
第十話	心中天網島《しんじゅうてんのあみしま》	近松門左衛門	享保5年（1720年）	河庄《かわしょう》	小春／紙屋治兵衛《かみやじへえ》／孫右衛門	224
				天満紙屋内《てんまかみやうち》	おさん／紙屋治兵衛／孫右衛門	234
				名残《なごり》の橋《はし》づくし	小春／紙屋治兵衛	246
第十一話	妹背山婦女庭訓《いもせやまおんなていきん》	近松半二ほか	明和8年（1771年）	四段目	お三輪《みわ》／橘姫／求女《もとめ》（淡海《たんかい》）／鱶七《ふかしち》	262
コラム	真景累ヶ淵《しんけいかさねがふち》	三遊亭圓朝	大正11年（1922年）	豊志賀《とよしが》の死《し》	豊志賀／新吉／お久	058
	元禄忠臣蔵《げんろくちゅうしんぐら》	真山青果	昭和9年（1934年）	大石最後《おおいしさいご》の一日《いちにち》	おみの／磯貝十郎左衛門／大石内蔵助／堀内伝右衛門	128
	お国《くに》と五平《ごへい》	谷崎潤一郎	大正11年（1922年）		お国／五平／池田友之丞	186
	網模様燈籠菊桐《あみもようとうろうのきくきり》	河竹黙阿弥	安政4年（1857年）	夕立《ゆうだち》	滝川／小猿七之助	260

※本書に掲載した引用文は、左の原文引用文献にできるだけ準拠して、読みやすいように適宜ルビ(ふりがな)、読点を入れました。

◆原文引用文献

東海道四谷怪談　国立劇場歌舞伎公演上演台本(H・27・12)

曾根崎心中　『現代語訳対照　近松世話物集』(旺文社文庫)、国立劇場文楽床本集(H・29・2)

仮名手本忠臣蔵　国立劇場歌舞伎公演上演台本(H・28・10〜12)、国立劇場文楽床本集(H・28・12)

一谷嫩軍記　国立劇場歌舞伎公演上演台本(H・25・10)、国立劇場文楽床本集(H・28・9)、『平家物語』(日本古典全書、朝日新聞社編)

新版歌祭文　国立劇場文楽床本集(H・27・5)

心中天網島　国立劇場文楽床本集(H・25・5)、『現代語訳対照　近松世話物集』(旺文社文庫)

妹背山婦女庭訓　国立文楽劇場文楽床本集(H・25・7〜8)

◆参考文献

『【上方文化講座】曾根崎心中』(和泉書院)、『坂田藤十郎　歌舞伎の真髄を生きる』(世界文化社)、『近松物語　埋もれた時代物を読む』(渡辺保・新潮社)、各作品の歌舞伎公演筋書、国立劇場歌舞伎上演台本、同上演資料集、同文楽床本集、国立文楽劇場床本集、日本文化デジタルライブラリー

おわりに

私が「歌舞伎に出てくる女性について本を書きたい」と思い立ったのは、平成24年（2012年）のことでした。思いっきり泣く、思いっきり叫ぶ、泣き寝入りなどせずまっしぐらに生きて、たとえ失敗しても、命をかけて自分を通す……。潔いほど率直な歌舞伎の中の女性たちが、私は大好きです。でも、だからといって「江戸時代の女性は強かった」と断定できるでしょうか。今も昔も女性は弱いようで強く、図太いようで繊細なもの。好きなのに告白できなかったり、ライバルと争ってでも恋人を自分のものにと思いながら、結局は何もできなかったりするのが本当の姿で、物語の中の女性は「願望」なのかもしれない。そう思ったら、ますます女性たちがいじらしくなってきたのです。

以来、「歌舞伎の中のＷｉｆｅたち」を投稿誌『Ｗｉｆｅ』に連載、それをもとにして講座「女性の視点で読み直す歌舞伎」を開き、このたびＷＥＢマガジン「かもめの本棚」での連載を経て本書をまとめるに至りました。

最も大切にしたことは、一女性としての共感です。私自身が客席で舞台を見つめながら胸を熱くしたり、身につまされて涙を流したりした感動を、一人でも多くの方に届けたい！　歌舞伎を詳しくご存じの方の目には、論拠に乏しく分析もつたないものに映るとは存じますが、一話一話、作品をいとおしんで書き上げたつもりです。もし明らかな誤りがございましたら、厳しくご指摘いただければ幸いです。

今回は「恋」を切り口にして15作品を選びましたが、恋に限らず、子を思う母の気持ち、夫の代わりに家を切り盛りする妻の話など、女性の視点で語れる作品は無尽蔵。この本を読んで歌舞伎に関心を持たれましたら、ぜひ一度劇場にお運びください。

最後になりましたが、魅力的なカバー装画・本文挿画を描いてくださったいずみ朔庵氏、本書刊行の機会を与えていただいた「かもめの本棚」の村尾由紀編集長、講座開催にご尽力くださったＧＩＮＺＡ楽・学倶楽部の外山由紀代氏、『Ｗｉｆｅ』編集長の前みつ子氏に感謝いたします。また執筆助言を賜った恩師・市川信一氏をはじめ、これまで応援していただいたすべての皆さんに、厚く御礼を申し上げます。

仲野マリ

仲野マリ（なかの・まり）

1958年東京都生まれ。早稲田大学第一文学部卒業。歌舞伎、文楽をはじめ、ミュージカル、バレエなど年120本以上の舞台を観劇、歌舞伎俳優や宝塚トップ、舞踊家、演出家ほかアーティストのインタビューや劇評を書く。GINZA楽・学倶楽部での歌舞伎講座「女性の視点で読み直す歌舞伎」をはじめ、松竹シネマ歌舞伎の上映前解説など、歌舞伎を身近なエンタメとして楽しむためのビギナーズ向け講座を多数実施。歌舞伎に登場する女性にスポットを当てる独自の視点は、多くのファンに支持されている。2001年第11回日本ダンス評論賞（財団法人日本舞台芸術振興会／新書館ダンスマガジン）佳作入賞。日本劇作家協会会員。

【仲野マリの歌舞伎ビギナーズガイド】
http://kabukilecture.blog.jp/
【エンタメ水先案内人・仲野マリ公式サイト】
http://www.nakanomari.net

この本は、WEBマガジン『かもめの本棚』に連載した「恋と歌舞伎と女の事情」を加筆してまとめたものです。

恋と歌舞伎と女の事情

2017年9月29日　第1刷発行

著　者　仲野マリ

発行者　原田邦彦

発行所　東海教育研究所
〒160-0023　東京都新宿区西新宿7-4-3　升本ビル
電話 03-3227-3700　ファクス 03-3227-3701
eigyo@tokaiedu.co.jp

発売所　東海大学出版部
〒259-1292
神奈川県平塚市北金目 4-1-1
東海大学湘南キャンパス内
電話 0463-58-7811

印刷・製本　株式会社シナノパブリッシングプレス

装丁・本文デザイン　稲葉奏子、大口ユキエ

編集協力　齋藤 晋

ISBN978-4-486-03908-2　C0074